林徽因画传

张清平◎著

江西人民出版社
Jiangxi People's Publishing House
全国百佳出版社

目录

contents

目录

contents

目录

contents

目录

contents

生命的春季

林徽因原名林徽音。她的出生让全家人非常高兴。饱读诗书的祖父以《诗经 · 大雅》中的诗句为自己的长孙女命名："思齐大任，文王之母。思媚周姜，京室之妇。大姒嗣徽音，则百斯男。"

<一> 长女庶出

林徽因祖籍福建闽侯，1904 年 6 月 10 日出生于杭州。

她的祖父林孝恂（字伯颖）为光绪十五年进士，授翰林院编修，曾在浙江多地做官。林徽因出生时，祖父正任职杭州。他创办新学，开启民智，关注民生，是清末创办新学的先驱。

清末民初，正是风云际会、国家面临三千年未有之大变局的时代。

林徽因的父亲林长民（1876—1925），字宗孟。他是林孝恂的长子，才华超群，儒雅倜傥，善诗文，工书法。早年毕业于日本早稻田大学法政系，回国后为推翻清政府奔走呼号，民国初年曾出任司法总长。

林徽因的堂叔林觉民（1887—1911），字意洞，少年时即接受民主革命思想，推崇自由平等学说。留学日本期间，加入中国同盟会。1911 年春回国，后与族亲林尹民、林文随黄兴、方声洞等革命党人参加广州起义，转战途中受伤力尽被俘。后从容就义，为“黄花岗七十二烈士”之一。

林觉民慷慨赴死前，写下了《与妻书》：“意映卿卿如晤……”百年来广为传诵。

林觉民《与妻书》

意映卿卿如晤，吾今以此书与汝永别矣！吾作此书时，尚是世中一人；汝看此书时，吾已成为阴间一鬼。吾作此书，泪珠和笔墨齐下，不能竟书而欲搁笔。又恐汝不察吾衷，谓吾忍舍汝而死，谓吾不知汝之不欲吾死也，故遂忍悲为汝言之。

吾至爱汝，即此爱汝一念，使吾勇于就死也。吾自遇汝以来，常愿天下有情人都成眷属；然遍地腥云，满街狼犬，称心快意，几家能彀？司马春衫，吾不能学太上之忘情也。语云：仁者“老吾老以及人之老，幼吾幼以及人之幼”。吾充吾爱汝之心，助天下人爱其所爱，所以敢先汝而死，不顾汝也。汝体吾此心，于啼泣之余，亦以天下人为念，当亦乐牺牲吾身与汝身之福利，为天下人谋永福也。汝其勿悲！

……

吾平生未尝以吾所志语汝，是吾不是处；然语之，又恐汝日日为吾担忧。吾牺牲百死而不辞，而使汝担忧，的的非吾所忍。吾爱汝至，所以为汝谋者惟恐未尽。汝幸而偶我，又何不幸而生今日之中国！吾幸而得汝，又何不幸而生今日之中国！卒不忍独善其身。嗟夫！巾短情长，所未尽者，尚有万千，汝可以模拟得之。吾今不能见汝矣！汝不能舍吾，其时时于梦中得我乎！一恸！

辛亥三月念六夜四鼓，意洞手书。

① ②
③

① 福州林觉民故居

② 林徽因堂叔林觉民

③ 林觉民故居

白话译文：

意映爱妻，见字如面，我现在用这封信跟你永远分别了！我写这封信时，还是人世间一个人；你看这封信时，我已经成为阴间一鬼了。我写这封信，泪珠和笔墨一齐落下，不能够写完信就想放下笔，又怕你不体察我的心思，说我忍心抛弃你去死，说我不知道你不想让我死，所以就强忍着悲痛给你说这些话。

我非常爱你，也就是爱你的这一意念促使我勇敢地去死呀。我自从结识你以来，常希望天下的有情人都能结为夫妇；然而遍地血腥阴云，满街凶狼恶犬，有几家能称心满意呢？江州司马同情琵琶女的遭遇而泪湿青衫，我不能学习那种思想境界高的圣人而忘掉感情啊。古语说：仁爱的人“尊敬自己的老人，从而推及尊敬别人的老人；爱护自己的儿女，从而推及爱护别人的儿女”。我扩充我爱你的心情，帮助天下人爱他们所爱的人，所以我才敢在你之前死而不顾你呀。你能体谅我这种心情，在哭泣之后，也把天下的人作为自己思念的人，应该也乐意牺牲我一生和你一生的福利，替天下人谋求永久的幸福了。你莫要悲伤啊！

……

我平素不曾把我的志向告诉你，这是我不对的地方；可是告诉你，又怕你天天为我担忧。我为国牺牲，死一百次也不推辞，可是让你担忧，的确不是我能忍受的。我爱你到了极点，所以替你打算的事情只怕不周全。你有幸嫁给了我，可又如此不幸生在今天的中国！我有幸娶到你，可又如此不幸生在今天的中国！我终究不忍心只完善自己。唉！方巾短小情义深长，没有写完的心里话还有成千上万，你可以凭方巾领会没写完的话。我现在不能见到你了！你又不能忘掉我，大概你会在梦中梦到我吧！写到这里太悲痛了！

辛亥年三月二十六日深夜四更，意洞亲笔写。

家族有林觉民这样的烈士，林徽因几乎从未提及，但为国家民族大义勇于担当、献身的精神，却如同血液一样充盈着她的生命。

林徽因原名林徽音。她的出生让全家人非常高兴。饱读诗书的祖父以《诗经·大雅》中的诗句为自己的长孙女命名：

思齐大任，
文王之母。
思媚周姜，
京室之妇。
大姒嗣徽音，
则百斯男。

白话译文：
雍容端庄是太任，
周文王的好母亲。
贤淑美好是太姜，
王室之妇居周京。
太姒美誉能继承，
多生男儿家门兴。

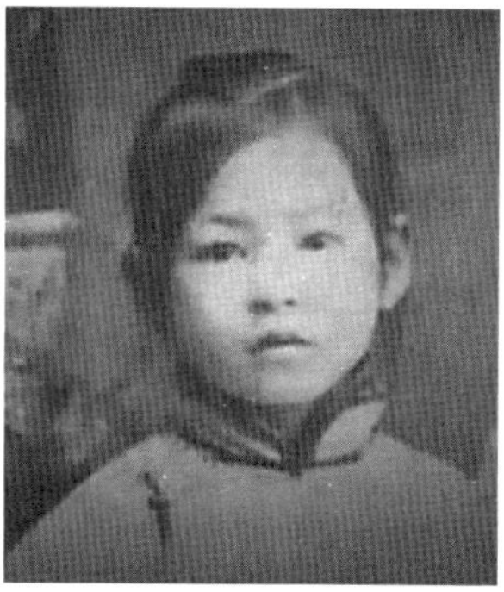

①|②
---
③

①② 幼年林徽因

③ 林徽因和表姐妹们的合影（左一为林徽因，右二为徽因后来早夭的妹妹）

①|②

① 12岁的林徽因姿容秀丽，梳两条细细长长的辫子，笑起来颊上有两个圆圆的酒窝。她从小体弱多病，看上去有些纤弱，似一株婷婷的嫩柳，纤细柔美，又有几分青涩
② 培华女中时期的徽因和表姐们的合影

①
②

① 林长民

② 林徽因与父亲林长民

林徽音的名字一直到 20 世纪 30 年代才改为林徽因。只因当时有一个男诗人名叫林微音，“微”和“徽”字形十分接近，人们常常把他们二人的作品搞混。为了与之区别开来，她决定改名为林徽因。她说：“我倒不怕别人把我的作品当成了他的作品，我只怕别人把他的作品当成了我的。”

20 世纪 30 年代，正是林徽因最为明媚美好的岁月。她决意改名，以及改名缘由的说明，明显带有对那位男诗人的睥睨之意，从中也可看到林徽因清高、不同流俗的性格。

幼年时期，林徽因与祖父母生活在一起。这是一个三代同堂的大家庭。她的祖父专门聘请了塾师，在家中为儿孙授课。现代文学史上以文言文翻译外国小说著名的林纾（林琴南），当年曾担任林家私塾的国学教师。

民国初年，徽因全家随父亲迁居北京，她与表姐们一起，在培华女中读书。这是一所英国教会学校，校规严谨，校风良好，英语授课，平日住校，周末回家。

徽因聪颖秀丽，既有江南女儿的灵动，又有长女的善解人意，父亲对她十分疼爱。可是，徽因的母亲却日益被父亲冷落。徽因的母亲是个旧式妇女，没有受过正规教育。她为林长民生育了两个女儿，大女儿徽因，小女儿麟趾。小女儿麟趾因病夭折后，父亲又迎娶了新的姨娘。姨娘为林长民生下了一女四男五个孩子，那之后，父亲几乎很少到徽因母亲居住的后院去。对此，母亲无奈而无助，她时常对着徽因抱怨自己的命苦和数落前院。母亲的哭泣和痛苦的吵闹，在徽因心中留下了很深的烙印。当时的林徽因正值少女的成长期，目睹母亲和父亲感情日益疏远，她的精神和心理也饱受煎熬。由此，她更加渴求人格自由和独立，这也直接影响了她以后的人生选择。

< 二 > 欧游踪迹

1920 年，林徽因 16 岁。

16 岁，正是少女的花季年龄。

这一年，父亲林长民被政府委派，以“国际联盟中国协会”成员国代表的名义赴欧洲考察。这是为时一年半的长旅，父亲决定带女儿一同前往。

徽因当时在教会学校培华女中就读，有一定的英语口语会话能力。父亲带上徽因，也有助于他在国外的日常生活和交往。

同时，他在信中告诉女儿：之所以“携汝同行”，第一是要她增长见识，扩大眼界；第二是让她有机会了解父亲的“胸襟怀抱”；第三是要她暂时脱离开家庭的烦琐生活，“养成将来改良社会的见解与能力”。

一个人来到世间，如同一叶小舟驶入汪洋。林徽因的命运之舟在两个关键时期幸运地有两位父亲为她领航，一位是她的生父林长民，另一位是她后来的公公梁启超。

当时的中国，积贫积弱。普通人家的女儿早早嫁为人妇，以觅得人生的归宿。

林徽因的父亲志向高远，超脱世俗。他对女儿的期许，决定了林徽因对自己人生的期许。

跟着父亲，林徽因游历了法国、瑞士、德国、比利时的一些城市。

父亲林长民在当年的日记中留下了他们旅欧的足迹。从这些日记片段可以看出，林徽因的父亲是一位既有诗人气质又有远见卓识的政治家。

在瑞士日内瓦，父女同游莱芒湖："……雨湖烟雾向晚渐消，夕阳还山，岚气万变，其色青绿红蓝，深浅隐现，幻象无穷。积雪峰巅于叠嶂，间时露一二晶莹如玉，赤者又类玛瑙红也……"

在德国，"从法兰克福至柏林，车辆轨道整理亦极有序，不类战败国家气象……麦田方收，耕不失时，沿途千里满地多种松杉，已有二三十年长成之干，森林种植实有远图……"

他不仅关注沿途景色，也同样关注社会经济。他注意到，尽管是"一战"战败国，但德国这个国家的发展潜力令人瞩目："从前工厂有制造军用品者，如克虏伯之厂，战后工作多制工业机械……克虏伯工人之数战前四万二千人，现在仍四万六千人，不但无减且有增也。"他认为，德国这样的国家，"一时虽受挫折，十年二十年后必将复兴"。

在比利时，他们还参观了钻石展览及加工过程："三时至钻石

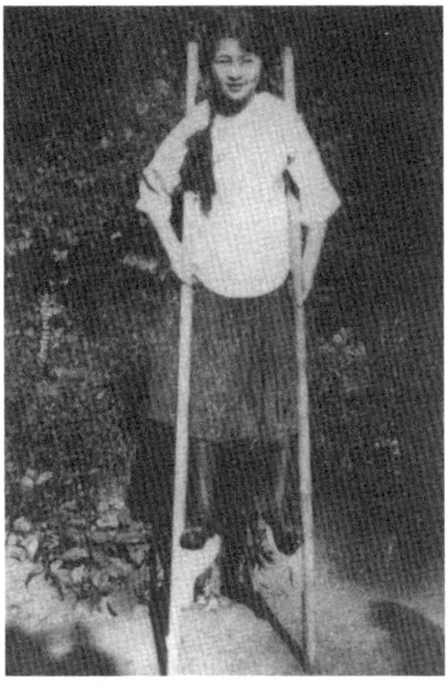

①②

③④

① 20世纪20年代在北京

② 16岁在伦敦

③ 少女时期

④ 父女

① 16岁的林徽因在赴欧洲的海轮上

② 林徽因在伦敦

③ 威尼斯圣马可广场

展览会。所陈所属非洲钻矿所产。……初生矿极粗，毕露晶莹，其小者琢磨已不易。工人先熔铅成一团，趁其未凝嵌其上，入冷水使缩。如是者数次，钻然后磨。……娇姬妖冶用以自绚丽，却不知其面面晶光皆从水深火热中来也。”

在法国，因不懂法语，他们“……出门觅一汽车，手作旋绕状，驱车者乃会吾意。环全市一周，有桥梁、道路、教堂、学校、公园、厅榭，皆极整备……”

异乡的景物从父女的眼前流过：巴黎街头自由的人们和自由的空气，阿尔卑斯山终年不化的皑皑白雪，法兰克福一碧如洗的蓝天上盘旋的鸽群、钟声、鸟鸣、树林、草地组成了和谐的交响曲，遗址、遗迹如珍奇宝石穿成的项链，古老的欧洲像是一幅色泽古旧的织锦，散发着久远的高贵气息。欧陆大地的风物风情和欧洲各国的人文景观一起，深深地沉淀在少女林徽因的心里，铺就了她成长的文化底蕴。

林徽因和父亲居住在英国伦敦。她考入了伦敦圣玛丽学院学习。这所学校离他们的住所不远，在父亲的日记里，“学校距余寓所约二里有余”。徽因每天乘巴士到海德公园，然后步行穿过公园就到了圣玛丽学院。

父亲还为徽因请了家庭英语教师。他们旅居伦敦寓所的邻居，有一位是女建筑师，徽因有时和她一道出去写生作画。由此，她萌生了对自己未来事业的憧憬。

<三> 缘起刹那

父亲外出开会考察时，徽因时常一个人待在寓所。

孤独中的林徽因求知若渴，这一时期，她阅读了大量的英文书籍——维多利亚时代的小说，勃朗宁、济慈、拜伦的诗，萧伯纳的剧本……那些浪漫主义的文学作品深深地打动了她的心。

二十多年后，她在给友人的信中回顾了这时期的生活，描述出一个花季少女的心事："……我独自坐在一间顶大的书房里看雨，那是英国的不断的雨。理想的我老希望着生活有点浪漫的事发生，或是有个人叩门走进来坐在我对面同我谈话，或是同我坐在炉边给我讲故事，最要紧的还是有个人要来爱我。我从不认识一个男朋友，从没有一个浪漫聪明的人来同我玩……"

就在这时期，一个名叫徐志摩的年轻人闯进了她的生活。

徐志摩（1897—1931），浙江海宁人。他的父亲徐申如在当时的沪杭金融界有着相当的实力和地位。徐志摩出国前，在北京大学攻读法政专业，其内兄张嘉璈介绍他认识了梁启超并拜梁为师。他出国留学，最初在美国哥伦比亚大学学政治经济学，后转道英国，在伦敦大学政治经济学院读博士，后又转学到剑桥攻读文学。

◇ 青年徐志摩

徐志摩原本就仰慕林长民的人品学识，来到伦敦求学，他频频光顾林宅拜访。他惊讶林长民"清奇的相貌，清奇的谈吐"。伦

①|②
③

① 1920 年与父亲在伦敦寓所

② 少女时期欧游途中

③ 林徽因在伦敦的寓所

敦的冬天漫长而寒冷，林寓客厅的壁炉温暖而明亮。

在伦敦，徐志摩开始只是林长民的众多来访朋友中的一个，但随着往来的增多，徐志摩日渐被林徽因的美丽和艺术气质所吸引。而林徽因开始只是视徐志摩为一位热情的英美文学老师，他们在文学、诗歌、戏剧许多领域有着共同的爱好和话题。

在异国他乡的交往中，徐志摩逐渐迷恋上了林徽因，尽管他比林徽因年长 8 岁。他发现，林徽因读书很多。她活泼清新的谈吐，她对文艺作品的理解，她流利悦耳的英语，都令徐志摩着迷。

不知从什么时候起，他来林宅不仅仅是为了探访林宗孟，还为了想看到林徽因、想和林徽因对话。他对林徽因谈文学、谈政治、谈自己的理想和抱负。面对这个美丽灵秀的少女，他有说不完的话。

当徐志摩对林长民夸赞林徽因聪明时，父亲林长民不无骄傲地说："做一个有天才女儿的父亲，不是容易享的福。你得放低你天伦的辈分，先求做到友谊的了解。"

< 四 > 年轻的先生

徐志摩在《我所知道的康桥》中写道："我这一辈子就只那一春，说也可怜，算是不曾虚度。就只那一春，我的生活是自然的，是真愉快的！（虽则碰巧那也是我最感受人生痛苦的时期）……说也奇怪，竟像是第一次，我辨认了星月的光明、草的青、花的香、流水的殷勤……”

暮春时节，他们漫步剑桥，看三一学院、国王学院的古老建筑，看夕阳的光辉笼罩四野，听教堂的钟声在寂静中响起……

诗人气质的徐志摩爱上了林徽因，他的爱来得迅疾而热烈，尽管他与妻子张幼仪已经结婚六年并且有了孩子。在徐志摩来英国后，张幼仪从老家带着孩子来到英国伴读。

张幼仪乃大家闺秀，她的两位兄长均为政界和金融界的要人。当初，是她的兄长看上了徐志摩的才华，主动向徐家提亲而得到徐志摩的父亲徐申如的应允，张幼仪才与徐志摩成婚的。

徐志摩一直不满意这桩“包办婚姻”，不满意家里为他选择小脚的张幼仪。他决定与张幼仪结束婚姻关系，以追求自己的真爱。

他在给张幼仪要求离婚的信中说：“……真生命必自奋斗得来，彼此有改良社会之心，有造福人类之心，其先自作榜样。”他在信中提出，希望与张幼仪“勇决智断，彼此尊重人格，自由离婚，止绝苦痛……”

<五> 擦肩而过

林徽因毕竟只有 16 岁，面对徐志摩热烈的追求，她一定有过最初的慌乱。用她终生好友费慰梅的话来说：“她是被徐志摩的性格、他的追求和他对她的热烈感情所迷住了，对他打开她的眼界和

① 徐志摩
② 张幼仪
③ 英国康桥一角
④ 张幼仪和徐志摩

唤起她新的向往充满感激。”

打动林徽因的不仅仅是徐志摩热情奔放的性格、洋洋洒洒的话语，还有他话语中流露出来的近乎于“痴”的执着态度，那是一种“孩子似的天真”。

胡适曾这样评析徐志摩：“他的人生观真是一种‘单纯信仰’，这里面只有三个大字，一个是爱，一个是自由，一个是美。他梦想将这三个理想的条件能够会合在一个人生里。他一生的历史，只是他追求这个单纯信仰的历史。”

但是，林徽因很快便清醒地意识到，徐志摩绝不是自己的选择。

回望过去，童年往事历历在目；审视内心，不完美的家庭生活给母亲和自己造成的伤害，至今想起依然痛楚。从小在大家庭所受的传统教育根植于心，她怎么可能去做破坏别人家庭的事情？！

当初，正是知道徐志摩是有家室的人，她才没有太多顾忌地与之交往。尽管她读了许多西方浪漫主义文学作品，但她单纯的生活阅历、高傲的性情以及她的理性都使她不会去做任何与传统、家庭名望相违背的事情。

后来，她在给胡适的信中写道：“徐志摩当时爱的并不是真正的我，而是他用诗人的浪漫情绪想象出来的林徽因，可我其实并不是他心目中的所想象的那样一个人。”“我的教育是旧的，我变不出什么新的人来，我只要‘对得起’人——爹娘、家族……”

父亲出访期满，即将携女回国。少女林徽因在面临人生重大抉择时，选择了理性。对于徐志摩的追求，她郑重地转身拒绝。同时，她在心中珍藏起徐志摩对她的情感。在以后的岁月里，她始终与徐志摩保持着诚挚纯洁的情谊。

1921年年底，林徽因和父亲一起乘海轮回到北京。

◇ 16岁时的林徽因

尽管林徽因拒绝了徐志摩的追求，但徐志摩仍旧坚持要与张幼仪离婚。

梁启超知道此事后，曾专门给他写信，力图劝阻他离婚的想法：“……其一，万不容以他人之苦痛，易自己之快乐。……第二，恋爱神圣为今之少年所乐道，兹事亦可遇而不可求。天下岂有完满之宇宙，若沉迷于不可得之梦境，挫折数次，生意尽矣……”

◇ 林徽因 16 岁欧游照

在信中，梁启超以老师的身份劝诫徐志摩。他说，一个人的离婚会给很多人带来“无量之苦痛”，他指出，现在一些时髦的年轻人总是爱空谈“恋爱神圣”，不仅“终不可得”，而且会给自己“徒增烦恼”。“呜呼志摩！天下岂有圆满之宇宙？……当知吾侪以不求圆满为生活态度，斯可以领略人生之妙味矣！”否则，便会以“追求梦境”始，以“导致堕落”终，“呜呼志摩，可无惧耶！可无惧耶！”

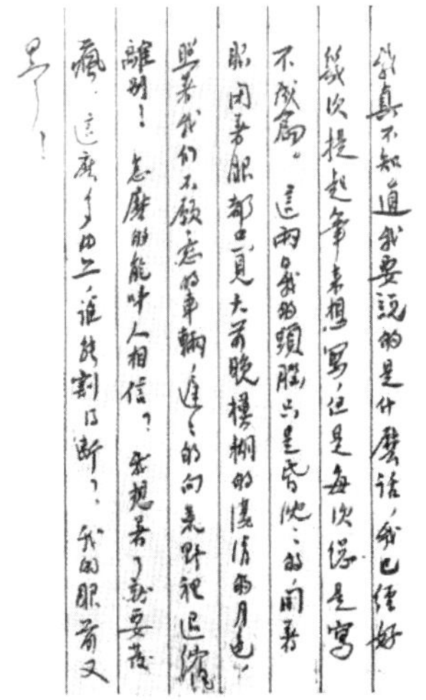

我真不知道我要说的是什么话，我已经好几次提起笔来想写，但是每次总是写不成篇。这两日我的头脑总是昏沉沉的，开着眼闭着眼都只见大前晚模糊的凄清的月色，照着我们不愿意的车辆，迟迟的向荒野里退缩。离别！怎么的能叫人相信？我想着了就要发疯，这么多的丝，谁能割得断？我的眼前又黑了！

◇ 徐志摩手迹

梁任公的信可谓字字发自肺腑，既是一位老师对年轻学生直抒胸臆的谈心，也是一位过来人对晚辈的极力规劝。可徐志摩此时主意已定，他在给老师梁启超的回信中写道：“我将于茫茫人海中，访我惟一灵魂之伴侣。得之，我幸；不得，我命。如此而已。”

人们都说，徐志摩的这首诗，是为林徽因而写的：

我是天空里的一片云，
偶尔投影在你的波心——
你不必讶异，
更无须欢喜——
在转瞬间消灭了踪影。

你我相逢在黑夜的海上，
你有你的，我有我的，方向；
你记得也好，
最好你忘掉，
在这交会时互放的光亮！

——徐志摩《偶然》

徐志摩认为，自己不顾一切要冲破旧式家庭包办婚姻的束缚，不仅仅是为了追求林徽因，还为了追求新的生活理想。

1922 年 3 月，徐志摩在张幼仪生下次子后，在柏林与她签字离婚。

同年 8 月，徐志摩也回到了北京。

<六> 梁思成的出现

林徽因回国后，重新回到培华女中读书。在双方父辈的安排下，她与梁思成相知相爱了。

梁思成是梁启超的长子，在林徽因随父亲去英国之前，因为父辈的往来，他们俩已经认识。

许多年以后，林徽因的女儿梁再冰在回忆母亲的文章中，记述了林徽因和梁思成第一次见面的有趣过程。

那是民国初年，林长民、梁启超两位立宪派名人结为好友，思成和徽因在父辈的往来中相识。

他们首次见面，是在林长民北京寓所的书房中。当时林徽因才14岁，正在培华女子中学读书。梁思成17岁，是清华学堂的学生。

一次，梁启超领着思成来看望林长民，并行父执礼。遵行礼节，林长民也请林徽因出来拜见客人。当时，梁思成心想，可能会见到一个梳着一条油光光大辫子、裹着一双小脚、穿着拖地长绸裙（民国初年女子通常的打扮）的旧式大小姐。而林徽因出来时，梁思成见到的却是一个清秀灵动、梳着两条垂肩辫子、穿着浅色中式短衫和深色及膝短裙的女学生。她虽稚气未脱，却又亭亭玉立，眼眸间的神采有灵秀之气。当她转身告

◇ 青年梁思成

◇ 20 世纪 20 年代初的林徽因

辞时，轻捷地翩然而去，裙角飘逸，犹如一个小仙女。

梁、林两位父亲让两个孩子相见相识，绝不是无意而为。他们的意图很明显，愿意结为门当户对的儿女亲家。但他们毕竟是民国著名的“维新派”人物，也不想做包办儿女婚姻的封建家长。他们希望通过这样的方式，让两个年龄尚小的孩子自然相识，再由孩子们自己决定感情大事。

从英国回到北京，林徽因继续到培华女中学习，很快就要毕业了。

当时的梁思成，仍是清华学堂留美预科班的学生。留美预科班学制 8 年，1922 年，梁思成从清华学堂毕业在即。这一年，他 21 岁，比林徽因年长 3 岁。

在双方家长的呵护下，回国后的徽因与思成的感情发展顺利。

梁思成学业优异，爱好广泛，是学校生龙活虎、才华出众的青年才俊。清华学堂学制 8 年，在清华学堂的 8 年间，梁思成除了学习成绩优异之外，还喜欢足球、体操，是校运动会的骁将。他还爱好音乐，任学校管乐团的队长，能吹小号，并学过钢琴、小提琴。他还是《清华年报》的美术编辑，擅长钢笔画，一手钢笔画简洁潇洒。

以倡扬变法维新闻名于世的梁启超和立宪派著名人物林长民，都曾是声名赫赫的政界、学界名流，又都是儒雅旷达的文人名士。

①②
③④

① 林徽因在雪池的家中

② 雪池家中热恋中的林徽因与梁思成

③ 20 世纪 20 年代林徽因在北京与友人

④ 和母亲、思成在雪池家中

他们都因不堪忍受官场的污浊而急流勇退，成为社会贤达。两位父辈以才识超群、情趣脱俗彼此结为挚友，在他们看来，能结成这门儿女亲事，是让他们称心如意的一桩好事。

至于两个相爱年轻人的未来，家里早有安排：待到思成从清华学堂毕业，就送他们去美国留学深造。而当时的徽因，也已取得了赴美半官费留学资格。

那时，梁思成和林徽因虽未正式订婚，但随着他们感情的加深，到 1923 年年初，已由双方家长“约定结婚”。

林徽因剪去了辫子，留着当时女大学生流行的发式：短发轻微地烫过，刘海和发际蓬松地覆着前额和后颈，看上去，文雅秀丽中增添了几分成熟。

梁启超不主张年轻人早婚。他认为早结婚势必影响学业，而应该趁年轻以学业为重。

父亲的意愿得到了遵从，梁思成和林徽因直到 1927 年在美国取得学位后才订婚、结婚。

北京景山后街雪池的一处院落，是林家的院落。从林家的院子望出去，能看见伫立在蓝天丽日下北海公园白塔的身影。这里虽然地处北京中心城区，却十分宁静安谧。

这里，也留下了林徽因、梁思成热恋的身影。

林徽因美丽灵动，梁思成幽默诚恳，相似的家庭背景、相投的情趣爱好，让他们彼此倾心相许。

在思成的心里，徽因的秀美、灵动，徽因的见识、气质无一不让他钟情。

而思成乐观开朗、兴趣爱好广泛、学业严谨扎实，也让徽因感到温暖而安心。

许多年以后，梁思成成为中国建筑学界的泰斗。他曾向人谈起，他最初选择出国学习建筑，是受了林徽因的影响。

梁思成说："在交谈中，徽因谈到以后要学建筑，我当时连建筑是什么还不知道。徽因告诉我，那是包括艺术和工程技术为一体的一门学科，因为我喜欢绘画，所以我选择了建筑这个专业。"

从那时起，梁思成和林徽因爱情的选择就和事业的选择结合在一起。

这是他们最初的选择，也是他们一生的选择。

＜七＞ 爱情与事业的结合

人生，总免不了旦夕祸福。

在两个年轻人准备出国留学前，梁思成不幸遭遇了一场车祸。

1923 年 5 月 7 日，思成和弟弟思永一起，骑着大姐在国外给他们买的摩托车出门。他们是要前去天安门广场参加北京学生"纪念'二十一条'国耻日"的游行活动。途中，梁思成和弟弟被北洋军阀金永炎的汽车撞伤。弟弟思永伤得很轻，而思成伤势严重。当时，医院的诊断是：思成左腿股骨头复合性骨折，脊椎

◇ 梁思成腿伤住院照

挫伤。

那时的中国，西医还很落后，各种检查设施也不完备。这个诊断是错误的，结果梁思成车祸后一个月内就动了三次手术，思成受尽痛苦也没能得到彻底的好转。医院错误的诊疗让原本健康的思成从此落下了影响一生的伤痛，他的左腿骨折未能接好，左腿从此比右腿短了1公分。车祸导致他的脊椎受损，后遗病症缠绕终生。

当思成最后一次手术结束后，天性达观的梁启超给远在菲律宾的大女儿思顺写信，他以一贯的乐观自信写道："思成的腿已经完全接合成功，不久就将和正常人一样走路……"

可事实却是，从那以后，跛足和由于脊椎病弱而装设背部支架的痛苦伴随了思成的一生。

因为这场车祸，梁思成和林徽因不得不延期一年赴美留学。

而思成的弟弟梁思永和梁实秋、吴文藻等清华同窗，则按原定日期启程赴美。

在思成住院疗养期间，梁启超担心他荒疏了学业，专门为他安排了必读的古代文献典籍和学习计划。

①|②

① 在雪池家中（1923 年）
② 林徽因与梁启超、梁思庄同游长城

梁思成后来回忆道：“我非常感谢父亲对我在国学方面的督促和培养，这为我后来研究建筑史打下了基础。”

此时的林徽因已经毕业，她一有空就来医院陪伴思成。她毫不以思成可能终身致残为意。她为思成庆幸，也为自己庆幸。在她的心中，只要他们能够朝夕相伴、相亲相爱，这已足够让她感到欣慰。

思成的腿上打着石膏，腰背缠着厚厚的绷带，重创术后的身体疼得厉害，他只能躺在床上，不能翻身，不能走动。徽因的爱和安慰让病房的时日不再难熬，徽因的陪伴让思成忘记了身体的伤痛。

当思成可以拄着双拐下地行走时，在医院的病房里拍了一张照片。照片上，思成腿上打着石膏坐在椅子上，脸上却洋溢着宁静而满足的笑容。

<八> 初遇泰戈尔

1924 年 4 月，印度诗哲泰戈尔来华访问。

泰戈尔是印度百科全书式的哲人。他一生创作了五十多部诗集、十二部中长篇小说、一百多篇短篇小说、二十多部剧作，还画了一千五百多幅画作，谱写了几百首歌曲，撰写了大量论文。他以抒情长诗《吉檀迦利》获得了诺贝尔文学奖。

泰戈尔是应蔡元培、梁启超等以北京讲学社的名义邀请来到中国的。

4 月 23 日，泰戈尔乘坐的火车在震耳欲聋的鞭炮声中抵达北京前门火车站。

梁启超、蔡元培、胡适、梁漱溟、辜鸿铭、熊希龄、蒋梦麟等前往车站迎接。

泰戈尔在北京，邀请方为他安排了许多活动。有社会各界的欢迎会、座谈会，还有到北京大学、清华大学、燕京大学的演讲，他还拜会了末代皇帝溥仪。所有这些活动，林徽因都陪伴在泰戈尔身边。当时的报刊上有这样的记载：“林小姐人艳如花，和老诗人挟臂而行，加上长袍白面、郊寒岛瘦的徐志摩，有如松竹梅的一幅三友图。徐氏翻译泰戈尔的演说，用了中国语汇中最美的修辞，以硖石官话出之，便是一首首的小诗，飞瀑流泉，淙淙可听。”

泰戈尔在北大、清华、燕京的演讲，并没有得到预期的效果。当时的知识界，并不是所有人都同样欢迎泰戈尔。

泰戈尔在演讲中，希望中国人不要盲目地追求工业主义、物质主义。泰戈尔特别强调，希望中国不要舍弃了自己宝贵的文化传统，去接受和传播那些无价值的、丑恶的西方文化。可是，刚刚经历了新文化运动的年轻人和大学生们，正是努力吸收和倡导西方文明以反对传统文化、传统道德的一代年轻人。他们散发传单，组织游行、集会，批评泰戈尔宣传传统的封建文化、精神至上，而对中国的贫穷落后无动于衷。

由此，泰戈尔取消了原来安排好的几场演讲。

可是，细细想来，他演讲的内容，直到今天依然能够给人以思考和启迪。

在批评抗议声中，泰戈尔在中国迎来了他的63岁寿辰。

为了给泰戈尔祝寿，新月社同人用英语演出了泰戈尔的诗剧《齐德拉》。

故事取材于印度古老的史诗《摩诃婆罗多》。

《齐德拉》这部诗剧的主要剧情是：马尼浦国王的女儿齐德拉

① ② ③
④ ⑤

① 泰戈尔与辜鸿铭（右二）、徐志摩（左二）等人

② 松竹梅——泰戈尔、徐志摩、林徽因

③ 泰戈尔与溥仪英国老师庄士敦（后排左五）等人的合影（二排左二为林徽因）

④ 梁思成与泰戈尔、林徽因

⑤ 泰戈尔访华（右二为林徽因、左一为梁启超）

◇ 林徽因（右二）、梁思成（左一）、徐志摩（右一）与泰戈尔等人的合影

◇ 泰戈尔访华期间林徽因剧照

◇ 林徽因与泰戈尔

长得并不漂亮，但她的父王很爱这个女儿。国王想立她为储君，从小让她像男孩子一样装扮，整日学习武艺。一天，齐德拉在打猎时碰上了邻国王子阿顺那。她对王子一见钟情，生平第一次为自己的相貌不够美丽而痛苦。她虔诚地向爱神祈祷，求爱神赐给她美貌，哪怕很短的时间也好。爱神被她的虔诚打动，答应给她一年时间的美貌。就这样，齐德拉如愿和王子阿顺那结了婚。可在婚后，王子却吐露心声，说他心里一直暗恋的人是邻国英武的公主齐德拉。而这时，齐德拉也早已不耐烦冒充美女，她终于在王子丈夫面前显露出自己真实的形象。

林徽因在这部剧中扮演马尼浦国王的公主齐德拉，徐志摩扮演爱神，林长民扮演春神，而梁思成担任舞美设计。

当演出结束后，泰戈尔走上了舞台。他身穿朴素的灰色印度布袍，雪白的头发，雪白的胡须，深邃的目光一扫连日的倦意。他慈爱地拥着林徽因的肩，赞美道："马尼浦国王的女儿，你的美丽和智慧不是借来的，是爱神早已给你的馈赠。不只是让你拥有一天、一年，而是伴随你终生，你因此而放射出光辉。"

当时京、津等地的报刊对泰戈尔访华期间的活动，进行了连续的跟踪报道。

< 九 > 携手美国留学

到美国留学，是徽因、思成早已计划好的行程。

1924 年 9 月，林徽因、梁思成告别亲人，离开北京，来到了美国宾夕法尼亚大学。

他们两人原本都准备在建筑系注册，可报到时才得知，因为建筑系学生经常要在画室作图至深夜，所以，宾大建筑系只收男生不收女生。因此，徽因只得改报了宾大美术系，同时选修了建筑系的主要课程。

来自东方的林徽因走在宾夕法尼亚大学校园，她美丽轻盈的身影吸引了许多目光。当年，一位美国女同学在自己家乡报纸上发表了对林徽因的采访：

“她坐在靠近窗户能够俯视校园小径的椅子上，俯身向一张绘画桌。她的作业总是得到高的分数或是偶尔得第二……”

“她轻轻一笑，面颊上显现出一对美妙的、深深的酒窝。细细的眉毛指向那严格按照女学生式样梳成的云鬓。”

“她说：‘我曾跟着父亲走遍了欧洲，在旅途中我第一次产生了学习建筑的梦想。现代西方的古典建筑启发了我，使我充满了要

◇ 林徽因留学时期的宾夕法尼亚大学学生宿舍楼

◇ 梁思成留学美国学生照

◇ 林徽因留美时期学生照

带一些回国的欲望。我们需要一种能使建筑物数百年不朽的建筑理论。’”

林徽因在回答对美国女同学的印象和看法时说：“开始我的姑姑、阿姨们不肯让我到美国来，她们怕我受美国女孩子的影响，变得像美国女孩子一样。我得承认，刚开始的时候我认为她们很傻，但是后来当你透过表面现象的时候，你就会发现，她们是世界上最好的伙伴。在中国，一个女孩子的价值完全取决于她的家庭。而在这里，有一种我所喜欢的民主精神。”

梁思成迅速适应了宾大严谨、高强度的学习生活。他除了完成自己的专业学习外，还选修了高年级的西方建筑史课程。在这里几年的学习生活，为他打下了扎实的专业基础。

他分析研究了西方建筑史所有的重要建筑，记下了有关建筑的重要数据和评价，留下了一幅幅钢笔画的笔记。他称这是“笨人下的笨功夫”。

他的学业出类拔萃，他的设计作品得了学院的金奖。

在美国，远离故国亲友，徽因和思成都十分想念北京，想念北京的亲人，还有他们熟悉深爱的一切。好在当时他们的身边有不少亲友。思成的弟弟思永、思忠和妹妹思庄都在美国留学，还有同在宾大建筑系的陈植、杨廷宝、赵深等同窗，他们的关系十分友好亲近。

在学习生活中，林徽因和梁思成性格的不同有着鲜明的表现。

梁思成踏实、严谨，他的建筑绘图作业精美细致，一丝不苟。而林徽因则长于想象，充满灵感和创意。

宾大建筑系老师布置的作业别出心裁，他们有时让学生设计一组圣诞贺卡，有时让学生为毁损的古代建筑物做修复设计，有时让学生在不背离当时当地环境的前提下重新设计一座凯旋门或纪念柱。

绘图板前，林徽因挥动画笔，新奇的点子不时闪现。她极力想把这些想法呈现出来，就会不断推翻先前的设计。而每当这时，梁思成就会来到她的身边，清晰准确地把林徽因富于创造性的草图变成精彩的设计作品。

他们和所有的年轻恋人一样，有争强好胜的比拼，也少不了争执和怄气，但所有这些从未影响他们之间深挚的感情。

林徽因说：“我是个兴奋型的人。”梁思成则以自己的沉稳和耐心与林徽因形成了最好的互补。他们之间的这种默契与合作在以后共同的事业中，一直保持了一生。

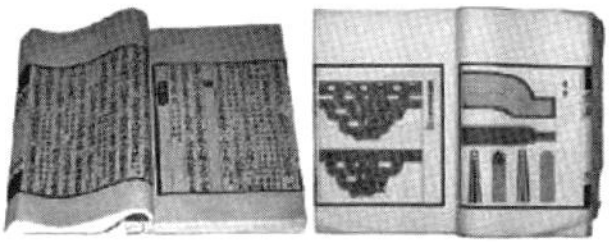

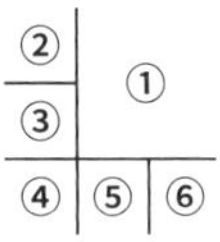

①②③④ 梁思成的手绘画、钢笔画

⑤⑥ 《营造法式》书影

①②
③④
⑤

① 林徽因（中）与留学生同学

② 陈植与梁思成（在宾大）

③ 在宾大

④ 林徽因（左二）与留学生同学

⑤ 林徽因（左三）、梁思成（左一）与留学生同学

在国内的梁启超时刻挂念着在美国学习建筑的孩子。除了经常给孩子们写信外，他还特意从国内给他们寄了一本中国宋代的建筑学著作——《营造法式》。

《营造法式》是一本宋崇宁二年（1103年）出版的图书，作者李诫是宋代负责建筑施工的官员。1919年，朱启钤先生在南京图书馆发现了丁氏抄本的《营造法式》，据以影印为石印本。

梁思成和林徽因在宾大接到邮件，初读这本父亲从万里之外寄来的古书，因为书中的许多古代建筑用语完全不同于现代，感觉像是在读“天书”。他们认真研读之后，了解到这是北宋官方颁布的建筑设计施工的规范，是我国古代最完整的建筑技术施工典籍。这一发现让他们激动不已。这本著作足以表明，在宋代，中国建筑艺术已有如此高的水平，而世界建筑史对中国建筑艺术的研究却几乎是空白。由此，他们更加坚定了致力于研究古代中国建筑艺术的意愿和决心。

梁启超是中国的文化巨擘，也是一位伟大慈爱的父亲。他和中国无数父母一样“望子成龙”，但他对孩子的爱既具传统特色，又有现代意识。

在生活上，他无微不至地关爱孩子；在精神上，他循循善诱地引导孩子；在学业上，他高标准地要求孩子；在平日的点点滴滴，他平等、民主地对待孩子。他尊重他们对生活、事业的选择，为他们的成才提供一切可能的条件。

当梁思成在信中向父亲谈到不知自己所研究的课题究竟有用无用时，梁启超在回信中这样教导儿子：“思成来信问有用无用之别，这个问题很容易解答。试问唐开元、天宝间李白、杜甫与姚崇、宋璟（姚、宋两人均为唐代著名的宰相）比较，其贡献于国家者孰多？以中国文化史来看，姚、宋之有无，算不得什么事。若没有了李、杜，试问历史减色多少呢？我也并不是让人人都做李、杜，不做姚、宋。要之，要各人自审其性之所近若何，人人发挥其个性之特长，以贡献于社会，人才、经济莫过于此。”

梁启超用唐代最著名的大诗人李白、杜甫为例，勉励自己的孩子，真正能够流传千古、为后人敬仰的，不是那些当时在社会上声名显赫的王侯高官，而是那些不朽的艺术佳作和创造了这些佳作的诗人、艺术家。即使不能成为像李白、杜甫一样的诗人和艺术家，只要各人按照自己的兴趣爱好去追求，尽其所能地发挥自己的特长，为社会做贡献，就一定能做出一番事业。

父亲的教导和勉励，是身处异国他乡孩子们最好的精神食粮。

<十> 林长民辞世

在林徽因、梁思成留学美国期间，国内家中接二连三地发生了令他们深感痛苦的大事。

先是梁思成的母亲患乳腺癌去世。那是在梁思成、林徽因刚到美国不久，思成的母亲李夫人就病逝了。为了不影响他们的学业，梁启超特意不安排思成回国奔丧。

◇ 林长民的照片

接着，是林徽因的父亲不幸遇难。

1925 年，林长民作为东北军郭松龄的“幕僚长”，参加了东北军郭松龄部反对军阀专权、主张停止军阀混战、讨伐张作霖的反奉战争。

在战场上，林长民不幸中流弹身亡。

林长民遇难的消息传到美国，林徽因悲痛万分。除了思成的陪护外，梁启超接连发电报和写信到美国，以父亲的博大胸怀和慈爱劝解宽慰两个忧心如焚的年轻人。他劝阻了想立即回国的徽因并告诉她，徽因的母亲也不主张她回国。他劝慰徽因、思成：旅途漫长，往返一趟，即需数月；国内形势复杂，前途堪忧；既然于事无补，不如节哀顺变。

他要思成好好照顾安慰徽因，让她安心学习，不必担心今后的经济费用。梁启超表示自己会把徽因“和思庄一样看待”，他在信中写道：“徽因留学总要以和你同时归国为度。学费不成问题，就算我多一个女儿在外留学便是了，你们更不必因此着急……”他要徽因“鼓起勇气，发挥她的天才，完成她的学业……替中国艺术界做点贡献”。

父亲遇难，家庭遭遇突如其来的重大变故，让徽因增加了压力和责任。她依然清丽灵秀，只是眼眸里多了几分忧郁和深沉。

在给胡适的信中，林徽因坦陈：三年的美国留学生活，自己经受了精神的痛苦折磨，增加了阅历，一点一点地改掉了在北京被惯坏了的毛病，从理想主义阶段走向了现实主义阶段……

1927年，林徽因从宾大美术系毕业，获美术学士学位后，又到耶鲁大学戏剧学院学习舞台美术设计。

舞台美术是一门集建筑、美术、文学于一体的艺术。林徽因对这三种艺术门类都有着浓厚的兴趣和造诣，在耶鲁学习期间，她表现出卓越的天赋。可惜的是，在以后的岁月里，中国战乱频仍，林徽因除了为曹禺的戏剧做过舞美设计外，她在这方面的才能完全被埋没了，几乎没有施展的天地。

这一年，梁思成获宾大建筑学硕士学位后入哈佛大学攻读东方艺术博士学位。

半年后，梁思成向校方和导师申请，回中国实地考察、收集资料，两年后提交博士论文。林徽因也结束了耶鲁的研修学习，和思成一道做着回国的准备。

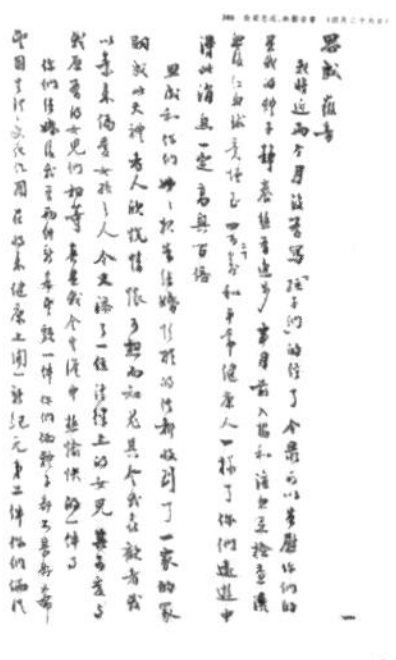

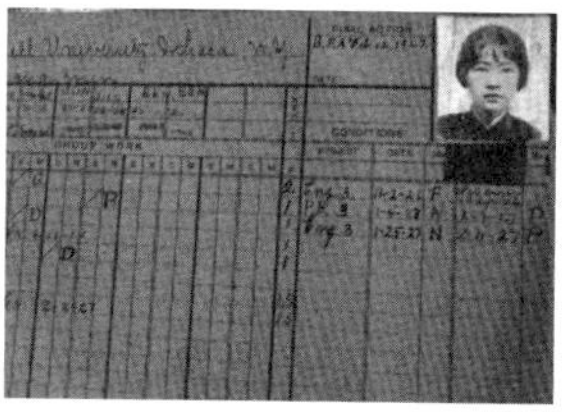

①②③
④⑤

① 梁启超给思成、徽因的信

② 在美国获学士学位照

③ 宾大学生手册上的照片

④ 林徽因留学宾夕法尼亚大学时期的学生证照片

⑤ 新婚

生命的夏季

林徽因为自己设计了中式的婚纱礼服。宽松的旗袍式的裙装，冠冕式的披纱，古典而富于东方民族情调。头上的披纱璎珞，典雅而别致。这也是林徽因一生追求“民族形式”的第一次尝试。

< 一 > 婚礼初成

思成、徽因要回国了，北京的亲人们忙碌了起来。

思成是梁任公钟爱的长子，徽因又没有了父亲，任公对他们的婚事事无巨细、一一操心。

他拟订了详细的计划，思成、徽因的大婚分国内、国外同步进行。

当时，梁思成的大姐梁思顺一家居住在渥太华，他的大姐夫周希哲任中国驻加拿大领事馆的总领事。加拿大邻近美国，所以，思成、徽因的婚礼在加拿大举行，由大姐和大姐夫帮助操持。

双方的长辈都在国内，行文定礼等一切礼仪按传统老规矩进行。

梁启超在给思成、徽因的信中，详细述说了北京家中为他们准备婚聘仪式的情形：

“……这几天家里忙着为思成行文定礼，已定于本月十八日（阳历）在京寓举行……”

“晨起谒祖告聘，男女两家皆用全帖遍拜长亲。午间宴大宾，

①②
③④

①② 1928 年春梁、林的结婚照

③ 1928 年的报刊上介绍林徽因

④ 林、梁新婚照

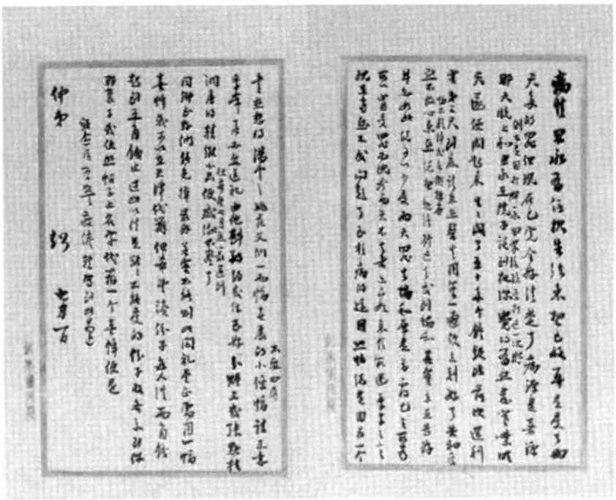

◇ 梁启超为思成、徽因结婚聘礼事宜写给弟弟梁启勋的手札

晚间家族欢宴……今将告庙文写寄，可由思成保藏之作纪念……”

父亲告诉他们：“……这几天为你们聘礼，我精神非常愉快。你想，从抱在怀里的‘小不点’（是经过千灾百难的）一个孩子盼到成人，品行学问都还算有出息，眼看着就要缔结美满的婚姻，如何不高兴呢！”

他还殷殷叮嘱两个孩子：“婚礼只要庄严不要侈靡，衣服、首饰之类只要过得去便够，一切都等回家再行补办，宁可从中节省点钱作旅行费……”

梁任公写这些信时，已是重病缠身。但他从来都是以达观的态度对待疾病，对儿女更是“报喜不报忧”。在为儿子操持婚事的同时，他还一如既往地读书、写文章、做学问，制订了许多长远的写作计划。

1928 年 3 月，相恋多年的林徽因和梁思成按长辈的安排，在加拿大渥太华举行了庄严的婚礼。

林徽因为自己设计了中式的婚纱礼服。宽松的旗袍式的裙装，冠冕式的披纱，古典而富于东方民族情调。头上的披纱璎珞，典雅而别致。这也是林徽因一生追求“民族形式”的第一次尝试。

< 二 > 欧洲蜜月游

婚后，徽因、思成按计划开始了他们长达 3 个多月在欧洲大陆的旅行考察。

梁启超从国内寄给新婚夫妇的旅行费用是三千美元。当时，父亲在给思成的信中说:“……在这种年头，措此较大之款，颇觉拮据。但这是你学问所关，我总要玉成你，才尽我的责任……”

徽因和思成携手游历了英国、法国、意大利、奥地利、西班牙等国家。

哥特式教堂、洛可可式教堂、罗马式大厦、巍峨古老的皇家宫殿、凯旋门、方尖碑……一处处经典的建筑从教科书中还原为实物。他们拍照、速写、评论，新婚的年轻夫妇漫步游走在古老的欧陆文化中，系统考察这些国家的历史建筑、文化古迹，他们圆了自己多年的一个梦。

婚后携手同游的旅程，是他们永结同心的蜜月，也是他们与建筑艺术结下不解之缘的蜜月。

这是林徽因、梁思成夫妇二人人生的第一次相伴远游，也是他们平生唯一一次真正毫无负累的漫游。

在他们的人生历程中，这些人类最优秀的文化艺术精粹，如同血液中的氧气般弥漫在他们的文化素养里，流淌在他们高朋满座的客厅中，赋予他们独立的审美眼光，为他们的事业树立了标准。

◇ 梁思成欧游途中建筑速写

在以后的岁月里，他们屡经战乱、困厄、病痛，可无论身处何种境遇，他们始终拥有着诗意葱茏的情怀和境界，始终保持着宠辱不惊的风范与胸襟，这不能不追溯于他们早年接受的教育和见识。

◇ 新婚旅欧在法国，林徽因为梁思成拍照

欧游之后，他们乘坐穿越西伯利亚的火车回国。在东北的大连乘轮船抵达天津后，从天津回到北平。

在徽因、思成回国的远东火车上，一对美国夫妇认识了徽因和思成，这两位中国年轻人给他们留下了难忘的印象：“……在那些粗鲁的、发臭的旅客群中，这一对迷人的年轻夫妇显得特别醒目，就像粪堆上飞着一对花蝴蝶一样。除了那自然的沉默寡言以外，在我们看来，他们好像反映着一种不可抗拒的光辉和热情。

“菲莉斯（林徽因的英文名）是感情充沛、坚强有力、惹人注

◇ 婚后欧游途中

目和爱开玩笑的人。思成则是斯文、富有幽默感和愉快的人，他对于古代建筑、桥梁、城墙、商店和民居的任其损坏或被破坏深恶痛绝。他们两人在一起形成完美的组合……一种气质和技巧的平衡，一种罕有的产生奇迹的配合。

“在那军阀当道的混乱年代，在我们看来，即使以他们的才能和优越的社会地位，似乎他们也将在中国社会的大旋涡中消失得无影无踪……”

新婚中的思成、徽因回家后，给了病中的任公莫大的安慰。他在写给女儿思顺的信中夸赞徽因说：“……新娘子非常大方，又非常亲热。没有从前旧家庭虚伪的神容，也没有新时髦的讨厌习气，和我们家的孩子像同一个模型铸出来的。”

＜三＞ 东北大学组建建筑系

1928 年，林徽因与梁思成双双应聘到东北大学组建建筑系。最初，这个系只有他们两位教师。梁思成任系主任及建筑专业课教师，林徽因任专业英语和雕塑史课程教师。

东北大学始建于 1923 年，1928 年张学良出任东北大学的校长，将原来的文、法、理、工四个学科改为文学院、法学院、理学院、工学院。工学院设建筑系，这是我国最早的建筑系。

◇ 东北大学时期的林徽因

◇ 梁思成（右二）在东北大学时

很快，思成、徽因在宾夕法尼亚建筑系的同学陈植及童寯、蔡方荫相继来到东北大学建筑系任教。

林徽因应聘东北大学前，专程回到福建看望母亲，同时接母亲和一个弟弟到东北和自己一起生活、学习。

在老家福州时，徽因还应邀到当地的学堂分别演讲“建筑与文学”和“园林建筑艺术”。这些演讲中，初步体现出她和梁思成关于建筑学教育的一些理念。

他们希望创办具有中国特色的建筑系，结合中国的现实和文化传统融汇现代建筑教育思想，培养出本土的建筑大师。

在东北大学建筑系，林徽因主讲雕塑史，梁思成主讲建筑学概论和建筑设计。林徽因开设专业英语的课程，任这门课的老师。当年的一位学生回忆说，在林徽因的教授和指导下，他们经过一个月的专业学习就可以看西方的英文原版建筑学资料。

雕塑史的课堂上，林徽因以渊博的知识，带领学生穿行在古今中外艺术长廊里。书画、音乐、文学、佛教雕塑、工程技术……与其说学生接受的是知识和学问，不如说他们接受的是文化艺术的感染和熏陶。

◇ 林徽因和梁思成在沈阳考察古建筑图

建筑学作为一门实践性很强的学科，梁、林两位先生鼓励学生手脑并用，追求“建筑的真实”。课堂教学上，梁先生最擅长用形象的语言以及一手漂亮的建筑绘图向学生教授建筑学理论知识。他精深的专业素养和学识，令学生叹服。

在沈阳温暖的春夏之交时节，思成和徽因还抽时间对沈阳的古建筑进行了考察测绘。当他们在沈阳北郊 5 公里处、清代皇家陵寝北陵测绘时，林徽因已怀有身孕。可她仍和思成一起爬高上低，拉着皮尺测量，记录和绘出草图。

工作中的徽因专注而宁静，那安详自在的神情与周围生生不息的大自然完全融为一体。

①|②

① 初为人母，林徽因怀抱梁再冰
② 林徽因在香山养病（与梁再冰）

1929年8月，徽因和思成的第一个孩子出生了。这是个漂亮的女孩，他们唤她“宝宝”，为她起名为“再冰”，以纪念孩子的祖父——饮冰室主人梁启超先生。

孩子的出生和教学的劳碌，加上东北严寒的气候，林徽因病倒了。她少年时得的肺病复发，只好回到北平养病。

这时期的东北政局已很不稳定。日本人毫不掩饰对东北的野心，张学良的军阀作风和办大学的宗旨亦格格不入。

1931年“九一八”事变，日本人侵占了东三省。院系被迫南迁，梁思成辞去了教职。建筑系的学生们分别转学到上海大夏大学、中央大学（现东南大学）继续学习。

开办时间不长的东北大学建筑系，培养出了刘致平、刘鸿典、张镈、赵正之等一批出色的人才。

东北大学几年的教学实践，也为梁思成后来创办清华大学建筑系积累了经验，打下了基础。

辞去教职的梁思成仍然牵挂着他的学生们，他有一封给东北大学建筑系首届毕业生的长信保留至今。

时隔80多年的时间，我们今天读这封信仍毫无睽隔之感，只觉振聋发聩、感人至深。

诸君：

我在北平接到童先生和你们的信，知道你们就要毕业了。童先生叫我到上海来参加你们的毕业典礼，不用说，我是十分愿意来的，但是实际上怕办不到，所以写几句话，权当我自己到了。聊以表示我对童先生和你们盛意的感谢，我和林先生为你们道喜！

在你们毕业的时候，我心中的感想正合俗语所谓“悲喜交集”四个字。不用说，你们已知道我“悲”的是什么、“喜”的是什么，不必再加解释了。

……

我还记得你们头一张 Wash Plate，头一题图案，那是我们“筚路蓝缕，以启山林”的时代，多么有趣，多么辛苦。那时我的心情，正如看见一个小弟弟刚学会走路，在旁边扶持他、保护他、引导他、鼓励他，唯恐不周密。

后来林先生来了，我们一同看护小弟弟，过了他们的襁褓时期，那是我们的第一年。

以后陈先生、童先生和蔡先生相继都来了，小弟弟一天一天长大了，我们的建筑系才算发育到青年时期，你们已由二年级升入三年级。而在这几年内，建筑系已无形中形成了我们独有的一种Tradition，在东北大学成为最健全、最用功、最和谐的一系。

去年6月底，建筑系已上了轨道，童先生到校也已一年，他在学问上和行政上的能力，都比我高出十倍。又因营造学社方面早有默约，所以我忍痛离开了东北，离开了我那快要成年的兄弟。正想再等一年，便可看他们出来到社会上做一健全的国民分子，岂料不久竟来了蛮暴的强盗，使我们国破家亡，弦歌中辍！幸而这时有一线曙光，就是在童先生领导之下，暂立偏安之局，虽在国难期中，得以赓续工作。这是我要跟着诸位一同向童先生致谢的。

……

现在你们毕业了。毕业二字的意义，很深长。美国大学不叫毕业，而叫“始业”（Commencement）。这句话你们也许已听了多遍，不必我再来解释，但是事实是你们“始业”了，所以不得不郑重地提出一下。

你们的业是什么？你们的业就是建筑师的业。建筑师的业是什么？直接地说是建筑物之创造，为社会解决衣、食、住三者中住的问题；间接地说，是文化的记录者，是历史之反照镜。所以你们的问题十分地繁难，你们的责任十分地重大。

……

因为什么要社会认识建筑呢？因建筑的元素中，首重合用。建筑的合用与否，与人民生活和健康、工商业的生产率都有直接关系的。因建筑的不合宜，足以增加人民的死亡病痛，足以增加工商业的损失，影响重大。所以唤醒国人，保护他们的生命，增加他们的生产，是我们的义务。在平时社会状况下，固已极为重要，在现在国难期中，尤为要紧。而社会对此，还毫不知道，所以把他们唤醒是你们的责任。

为求得到合用和坚固的建筑，所以要有专门人才。这种专门人才，就是建筑师，就是你们！但是社会对于你们，还不认识呢。有许多人问我包了几处工程，或叫我承揽包工。他们不知道我们是包工的监督者，是业主的代表人，是业主的顾问，是业主权利之保障者，如诉讼中的律师或治病的医生。常常他们误认我们为诉讼的对方，或药铺的掌柜——认你为木厂老板，是一件极大的错误，这是你们必须为他们矫正的误解。

非得社会对于建筑和建筑师有了认识，建筑才会得到最高的发展。所以你们负有宣传的使命，对于社会有指导的义务，为了你们的事业，先要为自己开路，为社会破除误解，然后才能有真正的建设，然后才能发挥你们创造的能力。

你们创造力产生的结果是什么，当然是“建筑”。不只是建筑，我们换一句话说，可以说是“文化的记录”，是历史，这又是我从前对你们屡次说厌了的话，又提起来，你们又要笑我说来说去都是这几句话。但是我还是要你们记着，尤其是我站在建筑史研究者的立场上，觉得这一点是很重要的。几百年后，你我或许转了几次轮回，你我的作品也许还供后人对民国廿一年中国情形研究的资料，如同我们现在研究希腊、罗马，汉、魏、隋、唐遗物一样。但是我并不能因此而告诉你们如何制造历史，因为有所拘束顾忌。不过，古代建筑家不知道他们自己地位的重要，而我们对自己的地位却有这样一种自觉也是很重要的。

……

现在你们毕业了，你们是东北大学第一班建筑学生，是“国产”建筑师的始祖，如一只新舰行下水典礼。你们的责任是何等地重要，你们的前程是何等地远大！林先生与我两人，在此一同为你们道喜，遥祝你们努力，为中国建筑开一个新纪元！

民国二十一年七月　梁思成

＜四＞ 梁启超的医疗事故

就在梁思成、林徽因回国在东北任教一年多后，他们的父亲梁启超于 1929 年 1 月 19 日因病逝世。享年 56 岁的梁任公，辞世时尚属盛年。

对于梁任公的英年早逝是否源于一起医疗事故，当时的知识界和媒体曾有过争论。

事情的起因是：1926 年，梁启超因便血住进北京协和医院。医生诊断后，误判他的右肾有肿瘤，于是手术切除了右肾。但右肾摘出后，检验并无肿瘤。对于这一手术，当时社会上多有议论和责难。可梁启超本人却通情达理，从不苛责医院。

他在信中向孩子们解释：“这回手术的确可以不必用，好在用了之后身子并没有丝毫吃亏，只算费几百块钱，挨十来天痛苦，换得个安心也还值得。”

对于当时媒体对协和的指责，梁启超唯恐因此损害协和的名声，影响其他人对医学科学的信任，他还专门写文章予以澄清。他说：“右肾是否一定该割，这是医学上的问题，我们门外汉无从判断。……后来回想，或者他‘罪不该死’，或者‘罚不当其罪’也未可知，当时是否可以‘刀下留人’，除了专家，很难知道。……说是医生孟浪，我觉得冤枉。”

这次不成功的手术后，梁启超没有一句责怪医院的话。这以后，他看病还是去协和，直到 1929 年逝世。

去世前，他留给家人的嘱咐是：“以其尸身剖验，务求病原之所在，以供医学界之参考。”

在这起事关生死的医疗事件中，足以看到任公光风霁月的人格操守。

梁启超一生崇拜墨子的人格精神，自号“任公”，以天下为己任，成为晚清及民国初年思想学术界的一面旗帜。

他以中国传统学术研究以及推动中国社会的现代化为己任，真正做到了与时俱进。

“切勿犹疑，以今日之我宣判昨日之我”，是他一生遵循的格言。

梁启超先生的辞世，使中国思想文化界失去了一位领袖级人物，

①②③
④⑤

① 青年梁启超

②③ 梁启超

④ 梁启超在日本

⑤ 梁启超与孩子们（左一为思成 、左三为思永、右一为思顺）

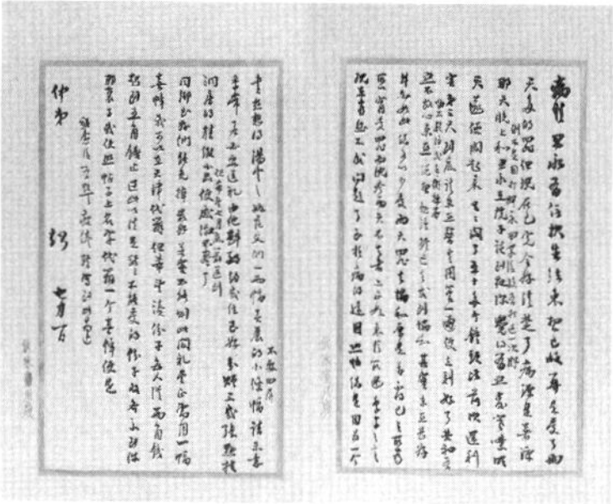

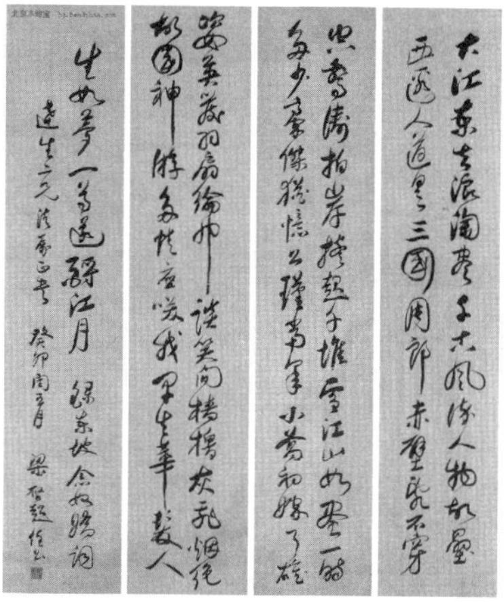

大江东去浪淘尽千古风流人物故垒
西边人道是三国周郎赤壁乱石穿
空惊涛拍岸卷起千堆雪江山如画一时
多少豪杰遥想公瑾当年小乔初嫁了雄
姿英发羽扇纶巾谈笑间樯橹灰飞烟灭
故国神游多情应笑我早生华发人
生如梦一尊还酹江月 录东坡念奴娇词
癸卯闰五月 梁启超

① 梁任公手书

② 梁启超书法条幅

③ 天津梁启超故居纪念馆

对其家族亲人子女更是伤痛深重。

社会各界的祭奠追悼活动持续了月余。灵堂前，思成、徽因率弟弟妹妹身着麻衣，足穿草履，跪在灵帷内，向每一位来宾稽首叩谢，泣不可抑。

<五> 结识朱启钤

梁思成、林徽因从东北大学辞职回到北平后，应聘到“中国营造学社”任职。

营造学社是一家研究中国古代建筑的民间学术机构。

社长朱启钤先生，是我国近现代政治和经济发展史上的重要人物，也是具有爱国心和民族气节的传奇人物。

他曾在民国初年任内务总长。退出政坛后，他为中国传统文化艺术的研究投入了自己的资金，也投入了自己的全部感情和精力。

早在 1915 年，朱启钤先生受命修缮北京皇宫。在恢复城门和一些古老建筑的施工过程中，他对古建筑产生了浓厚的兴趣。此后，他编印书刊，创建学社，对古建筑研究倾注了大量财力和心血。

他在《中国营造学社缘起》中写道：“方今世界大同，物质演进。兹事体大，非依科学之眼光，作有系统之研究，不能与世界学术名家公开讨论。”

◇ 朱启钤先生

◇ 张百熙、袁世凯、朱启钤（从左至右）

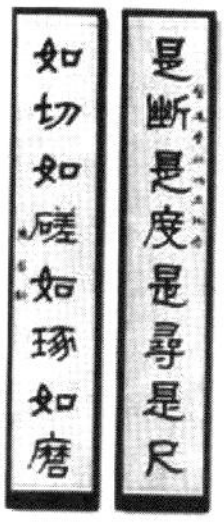

◇ 朱启钤手书

营造学社初创之时，他私人出资，以他在北平的住所为社址。此后，为了学社的长远发展和研究计划，他又多方努力，为营造学社申请了庚款中华教育文化基金董事会的基金。

1931 年秋，朱启钤恳请学社成员、清华老校长周贻春专程赴沈阳，动员当时刚刚崭露头角的东北大学建筑系主任梁思成和夫人林徽因加入学社。此外，他还延揽了包括著名建筑师杨廷宝和中央大学建筑系教授刘敦桢、赵深，以及史学家陈垣、地质学家李四光、考古学家李济等当时最优秀的一批学术精英先后加入营造学社的研究工作。当时，这个民间学术研究机构群贤毕至，蔚为大观。新鲜的血液、现代的理念，使这一民间学术团体成为中国建筑学界具有重大影响和成果的学术研究机构。

在营造学社，梁思成任法式部主任，林徽因任学社校理。

历朝历代，中国朝野均视建筑为匠人的手艺。建筑的技术、工艺由匠人口口相传，极少诉诸文字。有着悠久历史的古代中国，留下的有关建筑的书籍仅两部：一部是宋代李诫的《营造法式》，另

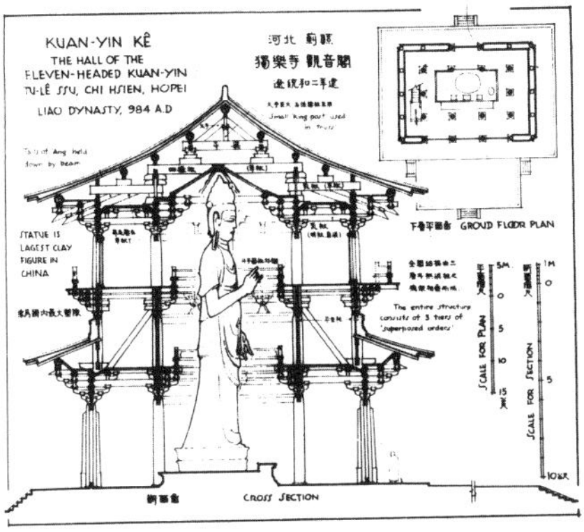

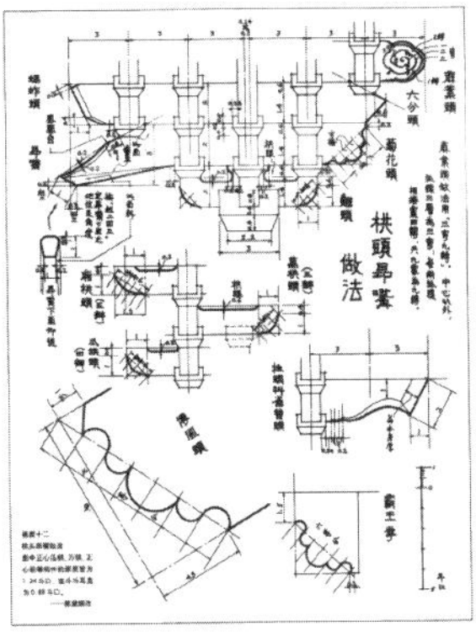

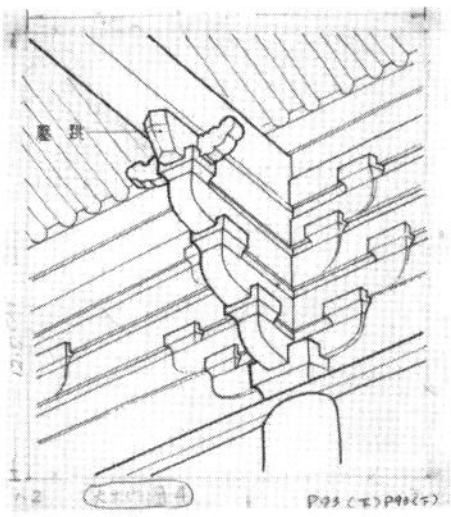

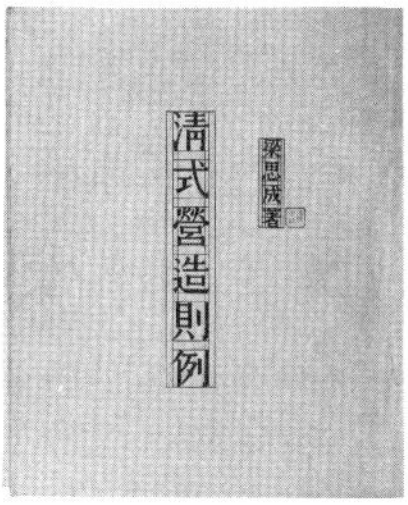

①②
③④⑤
⑥
⑦

① 梁思成手绘的河北独乐寺观音阁

② 古建筑图例

③ 梁思成、刘致平考察赵州石桥

④ 梁思成手绘斗拱

⑤ 梁思成 20 世纪 30 年代出版的著作

⑥ 梁思成在考察中

⑦ 京城老建筑

◇ 20 世纪 30 年代初的林徽因和梁思成

①
②
③
④

①② 20世纪30年代初的林徽因与梁思成

③ 雪中照

④ 梁、林与友人（左三为梁思成、中为林徽因、右一为朱启钤、右四为胡适）

一部是清代的《工程做法则例》。

《营造法式》由于年代久远，其中的建筑术语古奥生僻。

梁思成的研究从清代的典籍入手。他聘请了两位专门在故宫维修古建筑的木匠师傅做老师，按照清代的《工程做法则例》，对照实物，开始了对古代建筑每一处结构、部件进行剖析研究。

工作庞杂琐细，梁思成自嘲为“笨人下的笨功夫”。思成、徽因一点一点地探测古建筑的组成原理和艺术手法，从中感受到无穷的乐趣。

梁思成负责的法式部主要从事中国古建筑实证研究，而实证研究需要实地考察，这是中国学者用西方的科学方法研究古建筑的崭新开端。他们的研究，前无古人。

梁思成晚年回忆，那时国内社会治安很差，每次去野外勘测古建筑时，社长朱启钤总是事先通过各种社会关系向当地政府或有关方面打招呼。有建筑史家这样评价朱启钤：“人力、物力、财力，这些都是研究工作所必不可少的条件。能把这方方面面的人事统筹起来，是需要非凡之才能的。朱启钤先生以一己之力，做了今天需要整个研究所行政部门做的事。”

<六> 北总布胡同的足音

北总布胡同3号，是靠近北京东城墙一个典型的老式四合院。

垂花门廊，青砖铺地，院里种着石榴树、槐树、海棠花和马缨花。

20 世纪 30 年代，直到抗战爆发之前，思成、徽因一家都居住在这个租来的院子里。和他们在一起生活的有徽因的母亲，还有徽因正在上学的弟弟林恒，以及梁、林两家往来不断的众多兄弟姊妹和亲戚。家里有用人、车夫、厨子。林徽因在给朋友的信中曾画过一张北总布胡同 3 号的平面图，她告诉朋友，家里人最多的时候有 17 张床。

与他们比邻而居的，是清华大学哲学系教授金岳霖。

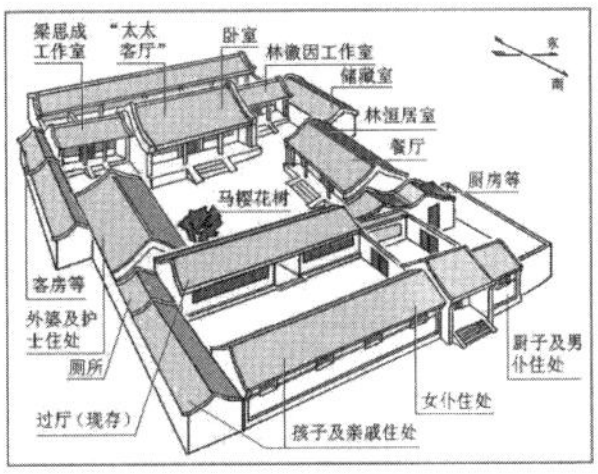

◇ 北总布胡同 3 号图

北总布胡同 3 号靠近东城墙根儿，是一个两进四合院，大大小小一共有四十来间屋子。这所房子有两个虽然不大却很可爱的院子，我记得，妈妈常拉着我的手在北面的院子中踱步，院里有两棵高大的马缨花树和开白色或紫色小花的几棵丁香树。夏末秋初，院中蝉鸣不止，许多红色的马缨花落在石板地上。院子中有一个小小的花坛，种着鸡冠花和喇叭花。我就是在这个院子中认得这几种花的。我还记得妈妈教我写字认字，曾教我写“摇曳的树影”这几个字。

◇ 北总布胡同的家

妈妈那时很年轻，很美，脸颊

① ②
③ ④

① 林徽因与母亲、丈夫和女儿再冰

② 20 世纪 30 年代初的林徽因

③ 1928 年新婚后

④ 和弟弟妹妹在一起

◇ 20 世纪 30 年代初林徽因在家中

◇ 20 世纪 30 年代初的林徽因

◇ 20 世纪 30 年代初林徽因在北平家中院子里

◇ 林徽因在家中窗前

上有一个酒窝，很爱笑，笑起来时眼睛眯成一条缝。她俯身靠近我时，我觉得她的皮肤很柔和，有淡淡的檀香味。

……当时妈妈和爹爹住在这房子里院（北面）的一排北房，房前有廊子和石阶，客厅在正中央，东头是他们的卧室。卧室同客厅（玄关部分）之间有隔扇。西头是他们的图画室，周围有许多书架。我在这里最早看到他们使用丁字尺和三角板，还在他们身边玩过画这房子的“平面图”。

客厅的窗户朝南，窗台不高，中式窗棂的玻璃窗使冬天的太阳可以照射到屋子很深的地方。妈妈喜爱的窗前梅花、泥塑的小动物、沙发和墙上的字画都沐浴在阳光中。

……妈妈喜欢在客厅西北角的窗前书桌上静静地写作。那时她总是用毛笔和毛边纸，她的字体有点像外公的字体——王羲之体的秀丽小楷。她的文学作品大都是在这里写成。

——梁再冰《我的妈妈林徽因》

这是林徽因一生中生活相对最为安宁、学术研究和文学创作成果最为丰硕的日子，也是她一生中最为风华明媚、光彩照人的日子。

<七>《九十九度中》的创作

林徽因除了做营造学社的工作外，还以同样的热情投入文学创作。

她除了写作一系列建筑学论文之外，还写诗，写散文，写小说，写剧本，写文学评论，她的作品经常出现在当时的报刊上。

林徽因最初写诗是受到徐志摩的影响，渐渐地，她有了自己的风格。在她诗歌创作热情最高的 20 世纪 30 年代，北平、天津不同地方的报刊经常向她约稿，也经常发表她的作品。

1931 年，陈梦家编选的《新月诗选》收录了林徽因的几首诗。因此，有人将林徽因归之于“新月派”诗人的行列。应该说，在文学创作上，林徽因曾受过“新月派”的影响，“新月派”诗歌所追求的“建筑美”“音乐美”“绘画美”的“三美”主张是闻一多提出来的，这一主张奠定了新格律派的理论基础。“三美主张”在一定程度上克服并纠正了“五四”以来白话新诗过于随意、散文化等不足，对中国现代新诗的健康发展做出了特有的贡献。

具体而言，“音乐美”强调“有音尺，有平仄，有韵脚”；“绘画美”强调辞藻的选择要秾丽、鲜明，有色彩感，每一句诗都

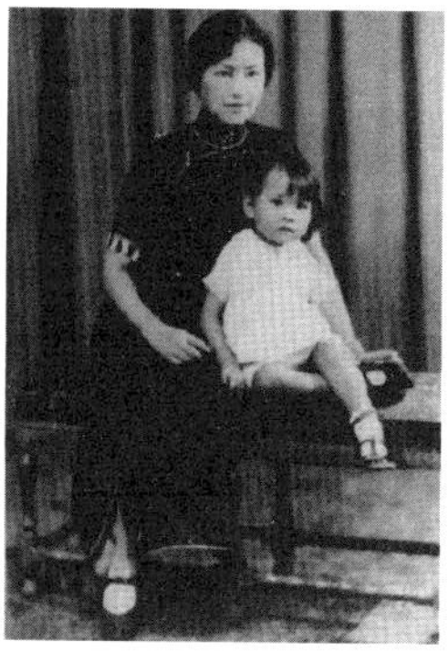

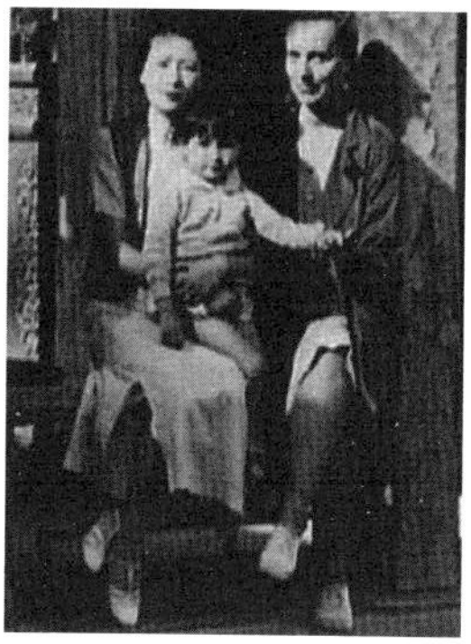

①|②
③

① 母女

② 林徽因、梁再冰与费慰梅

③ 20 世纪 30 年代梁、林与外国友人在一起

◇ 林徽因给女儿画的漫画

可以形成一个独立存在的画面；“建筑美”强调“有节的匀称，有句的均齐”，其主要目的是在诗的内容和诗的格式上都拥有美。

这些主张在林徽因的诗里都有一定的体现，但林徽因的诗歌创作内容和形式更为自由灵活。尤其是后期，当她走出了“太太的客厅”，走到乡间田野考察古建筑，接触到更广阔的社会生活后，所写下的那些作品常常情景交融，真诚地袒露心迹，有着清新的气息。

林徽因不仅写诗，也写小说、散文和剧本。尽管她小说、散文、剧本的数量不多，但这些作品较之她的诗反映社会生活的面更为广阔、深入。

林徽因的小说《窘》，描写一个中年教授因经济窘迫和精神压抑而处境尴尬，从某种程度上反映了一代知识分子的心理状态。在表现手法上，有浪漫主义的痕迹。

相比较而言，林徽因《模糊零篇》系列小说——《钟绿》《吉公》《文珍》《绣绣》，则直面社会现实，作品内容也从作者熟悉的知识分子阶层转向了广大民众。

林徽因最重要的小说作品，是发表在《学文》上的《九十九度

◇ 20 世纪 30 年代初林窗前的梅花

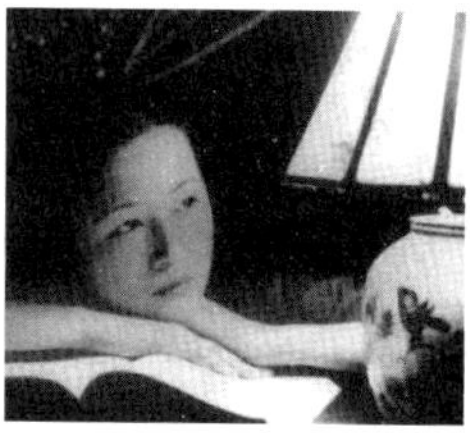

◇ 在家中

◇ 窗前侧影

◇ 出门

中》。(《学文》杂志——叶公超主编，1934 年创刊)

这篇一万五千字的小说如同一个剖面图，真实生动地展现了当时北平各阶层不同人等的生活状态。

——那是个华氏九十九度的大热天，有钱人家正忙着给老太太做寿，办喜宴。而社会下层的挑夫、洋车夫、排字工、老妈子则在为生活奔波、流汗、劳碌。让人印象深刻的是，为宴席送菜肴的挑夫在毒日头下中了霍乱，却因无医无药而死去。与之相对应的，则是为老太太“庆寿”的各种场面的热闹、繁复、奢靡。

小说对世态的炎凉、人情的势利、气温与人情的强烈对比，有着生动的细节描写，于不动声色中展示和鞭挞了贫富差距及社会苦难。

文学评论家李健吾在谈到林徽因的《九十九度中》时认为，在当时的小说创作中，“尽管有气质更伟大的，材料更事实的，然而却只有这样一篇，最富有现代性”。他以一个文学评论家的眼光，敏感地意识到了林徽因小说写作手法不落窠臼的“现代性”。他认为，这篇小说“是一个人生的横断面。在这样溽暑的一个北平，作者把一天的形形色色披露在我们的眼前。没有组织，却有组织；没有条理，却有条理；没有故事，却有故事，而且有那样多的故事；没有技巧，却处处透露匠心”。

林徽因较早地运用现代派的手法写小说，应该与她早年曾大量阅读西方文学作品有直接关系。

林徽因还写了一些散文，她的散文代表作是《窗子以外》。

这篇散文抒写了她到乡间调查古建筑途中的真实感受。她渴望走出沉闷的书斋，到“窗子以外”了解社会。但“没想到不管你走到哪里，你永远免不了坐在窗子以内……不是火车的窗子、汽车的窗子，就是客栈逆旅的窗子，再不然就是你自己无形中习惯的窗子，把你搁在里面……”

林徽因的散文形式灵活多样，语言自由灵动。如同有的评论者所说，她“有时是用写诗的笔法来写散文，如《纪念志摩去世四周年》；有时是融入小说的笔法来写散文，如《窗子以外》；有时就像她平素与朋友们谈天那样谈笑风生地写着论辩式的散文，如《蛛丝和梅花》；有时是近乎杂感式的笔法，如《彼此》”。

尽管林徽因对于文学保持着终生的兴趣和热爱，但林徽因首先是一位建筑师。她一生倾注心力最多的是建筑学研究和写作，文学创作只是她的业余爱好。但在 20 世纪 30 年代，她却因其文学创作声名远扬。当年许多人知道她，就是因为读了她的作品，也因此，她在当时被人称为“一代才女”。

林徽因在写关于古建筑的论文时，也常常以文学的、诗意的笔法入文。她赋坚硬的建筑以诗情，赋古老、无生命的物体以温情。在这些学术著述中，她同样展示了自己的才情，流露出自己的性情。

她的文章得到了梁思成和许多建筑学家的激赏，梁思成说：“老婆是自己的好，文章是老婆的好。”

梁思成还说过，他自己的许多谈论古建筑的文章“眼睛都是徽因点上的”。思成所说文章的“眼睛”，是指“画龙点睛”之意。

在谈论北京郊外一组古建筑的论文中，林徽因第一次提出了“建筑意”。“建筑意”是林徽因对建筑学的独特贡献，集中体现了她和梁思成对于建筑审美的意趣和思想——注重建筑的文化内涵，由一处建筑的引领，从而进入广阔、深厚的历史场景，由此去领略中国文化的独特意境和意蕴。

……顽石会不会点头，我们不敢有所争辩，那问题怕要牵涉到物理学家，但经过大匠之手艺，年代之磋磨，有一些石头的确会蕴含生气。天然的材料经人的聪明建造，再受时间的洗礼，成美术与历史地理之和，使它不能不引起鉴赏者一种特殊的性灵的融会、神态的感触，这话或者可以算说得通。

无论哪一座巍峨的古城楼，或一角倾颓的殿基的灵魂里，无形中都在诉说乃至于歌唱：时间上漫不可信的变迁，由温雅的儿女佳话，到流血成渠的杀戮——在光影恰恰可人中，和谐的轮廓披着风露所赐予的层层生动的色彩；潜意识里更有“眼看他起高楼，眼看他楼塌了”的凭吊兴衰感慨……这些美的所在，在建筑审美者的眼里，都能引起特异的感觉，在“诗意”和“画意”之外，还使他感到一种建筑意的愉快。

——林徽因《平郊建筑杂录》

以下，是林徽因1934年9月5日发表在《大公报·文艺副刊》上一篇散文的节选。

散文写于她和梁思成外出考察、看到乡野底层人民的生活之后。

这篇散文，曾入选西南联大的国文教材。

窗子以外

……

永远是窗子以外，不是铁纱窗就是玻璃窗，总而言之，窗子以外！

所有的活动的颜色、声音、生的滋味，全在那里的，你并不是不能看到，只不过是永远地在你窗子以外罢了。多少百里的平原土地，多少区域的起伏的山峦，昨天由窗子外映进你的眼帘，那是多少生命日夜在活动着的所在；每一根青的什么麦黍，都有人流过汗；每一粒黄的什么米粟，都有人吃去；其间还有的是周折，是热闹，是紧张！可是你则并不一定能看见，因为那所有的周折、热闹、紧张，全都在你窗子以外展演着。

……

你诅咒着城市生活，不自然的城市生活！检点行装说，走了，走了，这沉闷没有生气的生活，实在受不了，我要换个样子过活去。健康的旅行既可以看看山水古刹的名胜，又可以知道点内地纯朴的人情风俗。走了，走了，天气还不算太坏，就是走他一个月六礼拜也是值得的。

没想到不管你走到哪里，你永远免不了坐在窗子以内的。不错，许多时髦的学者常常骄傲地带上"考察"的神气，架上科学的眼镜，偶然走到哪里一个陌生的地方瞭望，但那无形中的窗子是仍然存在的。不信，你检查他们的行李，有谁不带着罐头食品、帆布床，以及别的证明你还在你窗子以内的种种零星用品，你再摸一摸他们的皮包，那里短不了有些钞票；一到一个地方，你有的是一个提梁的小小世界。不管你的窗子朝向哪里望，所看到的多半则仍是在你窗子以外，隔层玻璃，或是铁纱！隐隐约约你看到一些颜色，听到一些声音，如果你私下满足了，那也没有什么，只是千万别高兴起说什么接触了，认识了若干事物人情，天知道那是罪过！洋鬼子们的一些浅薄，千万学不得。

你是仍然坐在窗子以内的，不是火车的窗子、汽车的窗子，就是客栈逆旅的窗子，再不然就是你自己无形中习惯的窗子，把你搁在里面。接触和认识实在谈不到，得天独厚的闲暇生活先不容你。一样是旅行，如果你背上掮的不是照相机而是一点做买卖的小血本，你就需要全副的精神来走路：你得留神投宿的地方；你得计算一路上每吃一次烧饼和几颗沙果的钱；遇着同行的战战兢兢地打招呼，互相捧出诚意，遇着困难时好互相关照帮忙，到了一个地方你是真带着整个血肉的身体到处碰运气，紧张的境遇不容你不奋斗，不与其他奋斗的血和肉的接触，直到经验使得你认识。

……

隔着一个窗子你还想明白多少事？

……

算了算了！你简直老老实实地坐在你窗子里得了，窗子以外的事，你看了多少也是枉然，大半你是不明白也不会明白的。

从这篇散文可以看出，林徽因以自己敏感的心灵，目睹并体恤到那些“带着整个血肉的身体到处碰运气”人的艰辛，她在文章里写出了身处“窗子以内”的自己和苦难的“窗子以外”的劳苦大众有着巨大的物质上的差别和精神上的隔膜。她对此有愧疚，有不安，亦有无奈，同时还有作为智识者的几许优越。

难得的是，林徽因能够真切地剖析自己的生活和心灵状态。这种与现实生活若即若离的状态，代表了20世纪30年代生活优裕的上层知识分子的普遍状态。文章具有林徽因写作的风格特色，行文洒脱轻灵、自由跳跃，既不是浪漫主义的慷慨激昂、直抒胸臆，也不是写实主义愤世嫉俗的抨击批判，文辞间闪烁着智慧、理性和灵动的光芒。

<八> 两对夫妻的交往

这一时期，徐志摩已和陆小曼结婚。

陆小曼是社交界的名媛，她的前夫王赓原本和徐志摩是好朋友。

王赓，1923 年任交通部护路军副司令，升陆军上将。他是一个刻板、尽职、沉着、干练的年轻人，也是一个工作狂。除了周末，他平时没有时间陪小曼游玩。而陆小曼则任性、多情，喜欢游冶交际。他们夫妻是完全不同的两类人，时间一久，自然产生矛盾、摩擦。

徐志摩与王赓相识，一个是声名昭著的诗人，一个是身担要职的青年军官。两个青年才俊因性格和爱好的不同，而互相吸引结为友人。徐志摩在朋友中是出了名的热心肠，无论心情好坏，往往想和朋友倾诉衷肠。他来找王赓时，常常正赶上王赓公务缠身。王赓往往是头也不抬地对志摩说：“志摩，我忙，走不开，叫小曼陪你去玩吧！”而有时陆小曼想出去交际，徐志摩又恰巧在跟前，王赓就会对陆小曼说：“我没空，让志摩陪你去玩吧。”王赓没想到，徐志摩和陆小曼经常在一起，唱戏义演，喝酒聊天，赏花游园，对月吟诗，生性风流浪漫的两个人唯觉对方才是彼此的真爱。这时的他们，已经顾不得其他人的感受，不顾一切地要结合在一起。

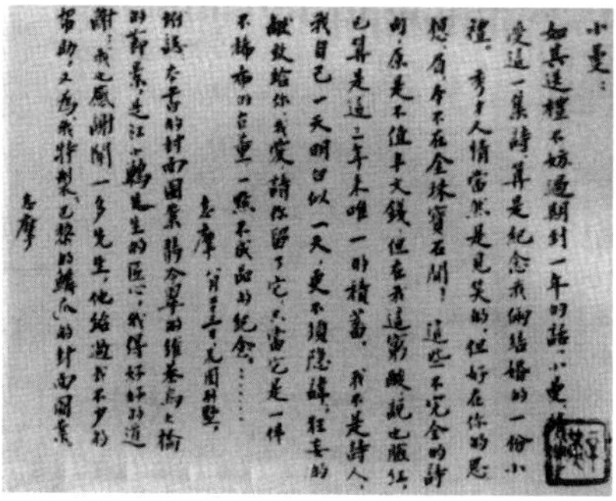
小曼：
如其送禮不妨過期到一年的話，小曼，
這一集詩算是紀念我倆結婚的一份小
禮。秀才人情當然是見笑的，但好在你的思
想，有時不在金珠寶石間！這些不完全的詩
句，原是不值半文錢，但在我這窮酸，說也臉紅，
已算是這三年來唯一的積蓄。我不是詩人，
我自己一天明白似一天，更不須隱諱，狂妄的
[illegible]給你，我愛，請你留下它，只當它是一件
不稀希的古董，一點不成品的紀念……
志摩 [illegible]
[illegible]的封面圖案[illegible]
[illegible]江小鶼先生的匠心，我得好好的道
謝，我也感謝聞一多先生，他給我不少的
幫助，又為我特製「巴黎的鱗爪」的封面圖案
志摩

◇ 徐志摩写给陆小曼的信

◇ 陆小曼

他们的结合顶着巨大的家族压力和社会压力。

首先，徐志摩的父母根本不同意陆小曼嫁入徐家。即使在徐志摩和张幼仪离婚后，张幼仪也一直带着孩子和徐志摩的父母生活在一起。

在徐志摩的执着要求下，他的父亲提出如果非要娶陆小曼必须答应三个条件：

一是无论结婚还是婚后，他们夫妻的一切费用家里不再负担，全部由徐志摩自理。

二是要按老规矩办婚礼，必须请胡适作为介绍人、梁启超作为证婚人出席婚礼。

三是徐志摩和陆小曼结婚后，必须回到江南老家与老人在一起生活。

徐志摩为了实现自己的心愿，答应了父亲的一切要求。这才冲

◇ 徐志摩、陆小曼的证婚人胡适

◇ 徐志摩、陆小曼的结婚照

破重重阻力，终于得以和陆小曼结合。

他和陆小曼的婚礼在北海公园快雪堂举行，席间的亲友共有一百多人。

梁启超本不情愿前来证婚，但毕竟徐志摩是他的学生，再加上胡适等人要求他务必帮忙，情不过却。可到了婚礼现场，他到底压不住火气，手拄拐杖，直斥新人：“……徐志摩，你这人性情浮躁，所以学问方面没有成就。你这个人用情不专，以致离婚再娶。你们两个都是过来人，离过婚又重新结婚，都是用情不专。以后痛自悔悟，重新做人！愿你们这是最后一次结婚！”

梁启超这前无古人的一番训词，让新婚夫妇和满座亲朋瞠目结舌、面面相觑，闻言无不大惊失色。

也许，梁启超这样不留颜面地当众训斥徐志摩和陆小曼，除了他的名士做派之外，还隐含着一个父亲保护思成、徽因的苦心。

徐志摩和陆小曼婚后，到底还是离开了老家硖石，定居在上海福煦路（今延安中路）一幢石库门洋房。

◇ 徐志摩、陆小曼在上海延安中路的住宅

陆小曼长相甜美，妩媚多姿。她生性浪漫，体质娇弱，喜交际，爱排场。影剧院有她的包厢，京昆票友的演出有她的出场，各种大餐、西点是日常开销，更兼她为了止胃痛抽上了鸦片烟……这流水般的花销让徐志摩身负重重的压力。

◇ 徐志摩与陆小曼郊游图

徐父中断了对他的经济资助，徐志摩失去了财源。为了维持陆小曼耗资不菲的开支，徐志摩往来于京沪兼职。他在北平三所大学兼课，为报刊写稿，应邀演讲，甚至为了挣钱在熟人间做房屋买卖的中介。

在北平授课时，徐志摩吃住都在胡适家里。为了节省往返京沪的旅费开支，徐志摩通过关系，可以免费搭乘邮政航班往来于南北。

这期间，徐志摩每次到了北平，总少不了去北总布胡同林徽因、梁思成的家里坐坐。他眼见得梁、林婚后和谐美满，事业有成，梁、林夫妇待他一如既往地友善亲近。徐志摩在为自己朋友深感欣慰的同时，也免不了独自静下来百感交集。

他们之间的往来通信早已散失，如今仅存下来徐志摩写给林徽因的一封信、一首诗。看信中所写内容，应该是写于这一时期。而从这封仅存的书信中人们可以看到，徐志摩和林徽因之间的感情，确实比许多人传说和想象的要纯洁、高尚得多。

徽音：

我愁望着云泞的天和泥泞的地，真担心你们上山一路平安。到山上大家都安好否？我在记念。

我回家累得直挺在床上，像死人——也不知哪来的累。适之在午饭时说笑话，我照例照规矩把笑放上嘴边，但那笑仿佛离嘴有半尺来远，脸上的皮肉像是经过风腊，再不能活动！

下午忽然诗兴发作，不断地抽着烟，茶倒空了两壶，在两小时内，居然诌得了一首诗。哲学家（指金岳霖）上来看见，端详了十多分钟，然后正色地说："It is one of your very best."（意为"这是你最好的诗之一"）但哲学家关于美术作品只往往挑错的东西来夸，因而，我还不敢自信，现在抄了去请教女诗人，敬求指正！

雨下得凶，电话电灯全断。我讨得半根蜡，匍匐在桌上胡乱写。上次扭筋的脚有些生疼。一躺平眼睛发跳，全身的脉搏都似乎分明地觉得，再有两天如此，一定病倒——但希望天可以放晴。

思成恐怕也有些着凉，我保荐喝一大碗姜糖汤，妙药也！

宝宝老太（指徽因的女儿和母亲）都还高兴否？我还牵记你家矮墙上的艳阳（指梁家香山别墅的围墙）。

此去归来时难说定，敬祝山中人"神仙生活"，快乐康强！

脚病人

洋郎牵（洋）牛渡（洋）河夜（即阳历7月7日）

你去

你去，我也走，我们在此分手；

你上那一条大路，你放心走，

你看那街灯一直亮到天边，

你只消跟从这光明的直线！

你先走，我站在此地望着你：

放轻些脚步，别教灰土扬起，

我要认清你远去的身影，

直到距离使我认你不分明。

再不然，我就叫响你的名字，

不断地提醒你，有我在这里，

为消解荒街与深晚的荒凉，

目送你归去……

不，我自有主张，

你不必为我忧虑；你走大路，

我进这条小巷。你看那株树，

高抵着天，我走到那边转弯，

再过去是一片荒野的凌乱；

有深潭，有浅洼，半亮着止水，

在夜芒中像是纷披的眼泪；
有乱石，有钩刺胫踝的蔓草，
在守候过路人疏神时绊倒，
但你不必焦心，我有的是胆，
凶险的途程不能使我心寒。
等你走远，我就大步地向前，
这荒野有的是夜露的清鲜；
也不愁愁云深裹，但求风动，
云海里便波涌星斗的流汞；
更何况永远照彻我的心底，
有那颗不夜的明珠，我爱——你！

——徐志摩 7 月 7 日

<九>“太太的客厅”

北总布胡同 3 号，梁、林夫妇家的庭院，每星期六下午，朋友们常常在这里聚会。金岳霖居住在梁家后面的小院，独门独户。因为金岳霖单身、家里人口少，所以聚会常常也在金岳霖家。

参加聚会的成员主要有：清华大学政治学教授张奚若，哲学教授金岳霖、邓叔存，经济学教授陈岱孙，国际政治专家钱瑞升，社会研究所所长陶孟和，以及北大教授沈从文等，徐志摩在北平停留时也时常参加朋友们的聚会。

这些文化教育背景接近、情趣爱好相投的知识分子大多自幼熟读经书，具有深厚的国学根基，青年时代又接受了“民主”“科学”思想的洗礼，在国外接受了现代教育，具有良好的专业素养。他们视野开阔、学贯中西，立志用科学方法研究中国的过去和现在，期望中国尽快走上现代文明的发展道路。

参加聚会的还有一对年轻的美国夫妇——费正清、费慰梅，他们当时刚结婚不久。

当时，知识分子是社会的少数，像林徽因这样受过良好教育、才貌出众的女子更是凤毛麟角。她说自己是受中西双重文化教育长大的，英语对于她已是一种内在思维和表达方式。所以，和这些朋友的交往交流是她重要的精神文化生活，已经成为她生活中不可或缺的组成部分。

而对林徽因的朋友们来说，在交通不便、信息闭塞的当年，他们能够这样定期聚在一起，就不同学科的信息、各种思想、各种见闻感受，在这里交流碰撞、探讨问题、联络感情，也让他们找到了精神栖息地的感觉。

在 20 世纪 30 年代京派知识分子群体中，林徽因家的客厅是具有代表性的文化景观。

林徽因作为客厅的女主人，她的健谈和见识是朋友们公认的，当年凡是到访过林徽因客厅的人对此都留下了深刻的印象。

◇ 北总布胡同林家

① 费慰梅
② 林徽因与费慰梅
③ 费慰梅手绘林徽因像

20 世纪 30 年代初，萧乾刚涉足文坛不久，还是个文学青年。他通过沈从文的介绍和引领，来到北总布胡同 3 号参加林家的茶聚。他曾在晚年的一篇回忆文章《才女林徽因》中写道：“听说徽因得了很严重的肺病，还经常得卧床休息。可她哪像个病人……她对我说的第一句话就是：‘你是用感情写作的，这很难得。’给了我很大的鼓励。……徽因的健谈绝不是结了婚的妇人的那种闲言碎语，而常是有学识、有见地、犀利敏捷的批评。我后来心里常想：倘若这位述而不作的小姐能够像 18 世纪英国的约翰逊博士那样，身边也有一位博斯韦尔，把她那些充满机智、饶有风趣的话一一记载下来，那该是多么精彩的一部书啊！她从不拐弯抹角、模棱两可，这种纯学术的批评，也从来没有人记仇。我常常折服于徽因过人的艺术悟性……”

萧乾夫人文洁若也写过一篇文章：《才貌是可以双全的——林徽因侧影》。她在为林徽因的美而惊叹之余，毫不掩饰对她才华的钦佩：“林徽因是一位多才多艺的人。她在建筑学方面的成绩，无疑是主要的。然而在诗歌、小说、散文、戏剧等方面，也都有所建树。”

费正清夫妇是在20世纪30年代初与梁思成、林徽因相识的。费正清原在英国牛津大学读博士，他撰写的博士论文以19世纪中英关系为选题。他争取到了美国罗兹基金会的支持，赴中国做实地调查和收集资料。后来，费正清曾应聘在清华授课。多年以后，费正清在哈佛大学任终身教授，成为世界著名的中国问题研究专家。

费正清、费慰梅到中国后，中国文化很快影响和征服了他们。他们通过梁思成、林徽因融入了北平的知识分子圈子，结交了胡适、陶孟和、丁文江等一批知识界的精英。其中，与他们夫妇交谊最深也最为知心的是梁思成、林徽因。他们的中文名字费正清、费慰梅，便是梁思成给他们取的。

作为林徽因的终身好友，费慰梅认为林徽因“能够以其精致的洞察力为任何一门艺术留下自己的印痕”。

她的丈夫费正清在晚年回忆林徽因时曾说，“她是具有创造才华的作家、诗人，具有丰富的审美能力和广博智力活动兴趣，而且她交际起来又洋溢着迷人的魅力。在这个家，或者她所在的任何场合，所有在场的人总是全都围绕着她转”。（费正清《费正清对华

① 林徽因与费慰梅、费正清

② 林徽因与费慰梅、费正清在山西

③ 20世纪30年代林徽因与费正清、费慰梅等友人

④ 梁、林夫妇与费慰梅夫妇

⑤ 林徽因与费慰梅

⑥ 梁、林与费慰梅

①
②

① 林徽因与母亲、孩子及弟妹

② 林徽因与雷洁琼等人

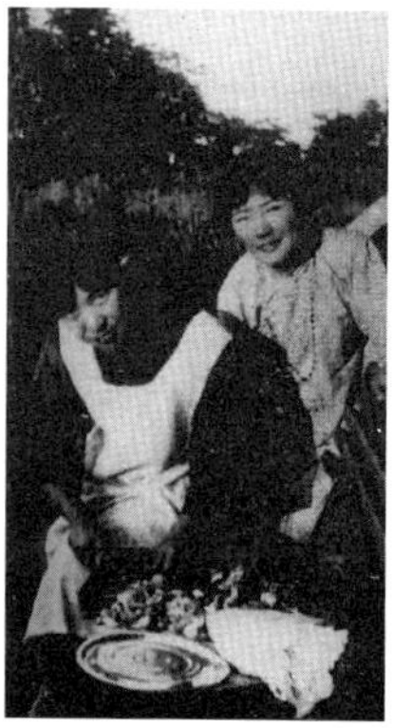

◇ 林徽因与冰心

◇ 冰心与丈夫吴文藻

回忆录》）

文学评论家李健吾20世纪30年代曾是林徽因客厅的客人之一。抗战期间，林徽因避居昆明，李健吾蛰居上海。他不知从何处听说林徽因重病去世，后来又从朋友那里得知此乃误传的消息，他立即写下了《林徽因》一文。他在文章中写道："……足足有一个春天，我逢人就打听林徽因女士的消息。为什么我这样关切她？因为我敬重她的才华，希望天假以年，能够让她为中国文艺有所效力。……（林徽因）绝顶聪明，又是一副赤热的心肠，口快，性子直，好强，妇女几乎全把她当作仇敌。我记起她亲口讲起的一个得意的趣事。冰心写了一篇小说《我们太太的客厅》讽刺她，因为每星期六下午，便有若干朋友以她为中心谈论时代的种种现象和问题。林徽因恰好由山西调查庙宇回到北平，带了一坛又陈又香的山西醋，立时叫人送给冰心吃用……"

李健吾的这篇文章，牵涉到文学史上的一段往事。

1933年9月27日，冰心在《大公报·文艺副刊》上发表了一篇小说——《我们太太的客厅》（后收入小说集《冬儿姑娘》，北新书局1935年5月初版）。

冰心在这篇小说中，写到北平客厅里一位娇俏、爱交际的“我们的太太”；写到“一个白袷临风、天然瘦削的诗人”；还写到“文学教授”“哲学教授”诸多知识分子、不同人等……

冰心的这篇小说，很容易让人联想到林徽因和朋友们的沙龙。“诗人”让人联想到徐志摩，“哲学家”让人联想到金岳霖，至于“文学教授”，有人说暗指胡适，有人说暗指沈从文。

这篇小说，一反冰心的写作风格。冰心当年最长于讴歌母爱和童真，如人们都熟知的《致小读者》《小橘灯》等作品。而《我们太太的客厅》这篇小说，字里行间毫不掩饰地流露出讥刺和嘲讽，甚至不乏尖酸刻薄。

以下是冰心小说的节选：

……

我们的太太自己以为，她的客人们也以为她是当时当地的一个“沙龙”的主人。当时当地的艺术家、诗人，以及一切人等，每逢清闲的下午，想喝一杯浓茶或咖啡，想抽几根好烟，想坐坐温软的沙发，想见见朋友，想有一个明眸皓齿能说会道的人儿陪着他们谈笑，便不须思索地拿起帽子和手杖，走路或坐车，把自己送到我们太太的客厅里来。在这里，各人都能够得到他们所想望的一切。

……

墙上疏疏落落地挂着几个镜框子，大多数的倒都是我们太太自己的画像和照片。无疑地，我们的太太是当时社交界的一朵名花，十六七岁时候尤其嫩艳！相片中就有几张是青春时代的留痕。有一张正对着沙发，客人一坐下就会对着凝睇的，活人一般大小，几乎盖满半壁。是我们的太太，斜坐在层阶之上，回眸含笑，阶旁横伸出一大枝桃花，鬟云，眼波，巾痕，衣褶，无一处不表现出处女的娇情。我们的太太说，这是由一张六寸的小影放大的，那时她还是个中学生。书架子上立着一个法国雕刻家替我们的太太刻的半身小石像，斜着身子，微侧着头。对面一个椭圆形的镜框，正嵌着一个椭圆形的脸，横波入鬓，眉尖若蹙，使人一看到，就会想起“长眉满镜愁”的诗句。

……

我们的太太从门外翩然地进来了，脚尖点地时是那般轻，右手还忙着扣领下的衣纽。她身上穿的是浅绿色素绉绸的长夹衣，沿着三道一分半宽的墨绿色缎边，翡翠扣子，下面是肉色袜子，黄麂皮高跟鞋。头发从额中软软地分开，半掩着耳轮，轻轻地拢到颈后，挽着一个椎结。衣袖很短，臂光莹然。右臂上抹着一只翡翠镯子，左手无名指上重叠地戴着一只钻戒、一只绿玉戒指。脸上是午睡乍醒的完满欣悦的神情，眼波欲滴，只是年光已在她眼圈边画上一道淡淡的黑圈，双颊褪红，庞儿不如照片上那么丰满，腰肢也不如十年前“二九年华”时的那般软款了！

……

远远的门铃响了几声，接着外院橐橐的皮鞋声，Daisy 在小院里扬声说：“陶先生到。”一面开着门，侧着身子，把客人往里让。

太太已又在壁角镜子里照了一照，回身便半卧在沙发上，臂肘倚着靠手，两腿平放在一边，微笑着抬头，这种姿势，又使人想起一幅欧洲的名画。

◇ 梁思庄与林徽因

◇ 梁思成、梁思庄与林徽因

——陶先生是个科学家，和大多数科学家一般，在众人中间不大会说话，尤其是在女人面前，总是很局促，很缄默。他和我们的太太是世交，我们的太太在“二八芳龄”的时候，陶先生刚有十二三岁，因着新年堂前的一揖，陶先生脑中就永远洗不去这个流动的影子。我们的太太自然不畏避男人，而陶先生却不会利用多如树叶的机会。见了面只讷讷地涨红着脸，趁着我们的太太在人丛中谈笑，他便躲坐在屋角，静默地领略我们太太举止言笑的一切。我们的太太是始而嘲笑，终而鄙夷，对他从来没有一句好话。近来她渐渐感到青春之消逝，而陶先生之忠诚如昨，在众人未到之先，我们的太太对于陶先生也另加青眼了——

太太笑说：“你找个地方坐下，试验做的如何了？还在提倡科学救国罢？”陶先生仍旧踧踖地含糊地答应了一声，帽子放在膝上，很端正地坐在屋角的一张圈椅里。他的心微微地跳着，在恐惧欢喜这独对的一刹那。

……

这一群人都挤了进来，越众上前的是一个“白袷临风、天然瘦削”的诗人。他的头发光溜溜地两边平分着，白净的脸，高高的鼻子，薄薄的嘴唇，态度潇洒，顾盼含情，是天生的一个“女人的男子”。

诗人微俯着身，捧着我们太太指尖，轻轻地亲了一下，说：“太太，无论哪时看见你，都如同一片光明的云彩……”我们的太太微微地一笑，抽出手来，又和后面一位文学教授把握。

教授约有四十上下年纪，两道短须，春风满面，连连地说：“好久不见了，太太，你好！”

哲学家背着手，俯身细看书架上的书，抽出叔本华《妇女论》的译本来，正在翻着，诗人悄悄过去，把他肩膀猛然一拍，他才笑着合上卷，回过身来。他是一个瘦瘦高高的人，深目高额，两肩下垂，脸色微黄，不认得他的人，总以为是个烟鬼。

我们的太太正和一位政治学者招呼，回头看见，便嗔着诗人说：“你真是！搅他做什么？我这里是个自由的天地，各人应该挑着自己心爱的事去做。”

哲学家抱歉似的，鞠躬笑着说：“书呆子真没有办法！到哪里都是先翻人家的书。”诗人在一旁哧哧地笑着。

……

诗人坐在书桌前面，连着椅子转了过来，右手两指夹着烟卷，左手招着我们的太太，说：“美！这玻璃底下的画，又是新的罢？你的笔意越来越秀逸了。”我们的太太拉着彬彬的手，走到桌前，说：“金老先生倒是隔天一来，他催得紧，我也只好敷衍敷衍。春天一到，我的臂腕又有些做酸，真有些不耐烦了。”哲学家还在看着《妇女论》，听了便合上书微笑说：“太太，我看你也太要强了，身体本来不很好，又要什么都会，什么都做，依我说，一个女人，看看书，陪陪孩子……”我们的太太笑了起来，说：“你看的是叔本华的《妇女论》呀，又骂开女人了，女人便怎样？看看书，陪陪孩子，就算一生的事业吗？你趁早搁下叔本华，看一看萧伯纳吧。萧老头子借着女杰周安的口里，向你们这一班男人大声疾呼地说：‘这些女人的事情，一般的女人都能做，但没有一个女人能做我的事情……’”回头又问着文学教授说：“对不对？是不是他说过这几句话？”文学教授赶紧说：“是。”哲学家忽然大笑了，他似乎觉得很滑稽。

◇ 金岳霖（左一）、梁思成（左二）、林徽因（右一）与外国友人

◇ 林徽因与金岳霖等友人

……

我们的太太自己虽是个女性，却并不喜欢女人。她觉得中国的女人特别守旧，特别琐碎，特别小方。而不守旧、不琐碎、不小方的如袁小姐以外的女画家、诗人，却都多数不在我们太太的眼里，全数不在我们太太的嘴里，虽然有极少数是在我们太太的心里。

……

多年以后的20世纪80年代，有人曾当面向冰心问询这件往事，冰心却矢口否认这篇小说中的主人公写的是林徽因。冰心说，小说中“我们的太太”是以陆小曼为模特的。她举例说，小说中描写客厅里挂满了女主人的照片，而当初陆小曼的客厅的确是如此布置。

有意思的是，正在山西考察古建筑的林徽因回到北平后看了这篇小说，并没有什么激烈的反应，这好像不太符合林徽因在朋友中不服输、爱争辩的性格。她不仅没有写下针锋相对的文字，甚至连口头上的反唇相讥也没有，只是意味深长地给冰心送了一坛老陈醋。

也许，她根本就不认为小说写的是自己，看后只会觉得有些无聊好笑，所以无须分辩，更不屑争讼。

也许，她与梁思成外出考察看到了更广阔的天地，深感即使穷尽毕生精力，也完不成对中国各地建筑的研究，这才是最让她挂心、倾心的事情。至于一些闲言碎语，已经对她构不成实质性的烦恼和干扰。

同时，林徽因毫不否认，她热爱朋友，离不开朋友。她喜欢这样的聚会，喜欢与朋友交流、争论。在这样的时候，她思路洞开、妙语连珠，艺术见识和灵感如电光石火般熠熠闪亮，耀人眼目。

徐志摩追求过林徽因，当事人双方从未回避。而那些出入林徽因客厅的友人，则无论在林徽因鲜花着锦的大好年华，还是贫病交加、靠典当度日的苦难岁月，从来都不离不弃，他们保持着终身的友情。其中最典型的是哲学家金岳霖，他从年轻时起就和梁思成、林徽因家比邻而居。抗战期间，梁、林到了四川，金岳霖在云南，他所有的假期，包括学术年假，都是在四川李庄的梁思成、林徽因家度过的。即使林徽因重病缠身，芳华不再，病骨支离，也丝毫没有减少或影响他们之间一如既往的往来和情谊。

真正的情义是心灵相通，是患难与共，摒除了利益的交换，更无须向任何人解释说明。他们彼此信任，真诚相待，磊落坦荡，丝毫没有冰心小说里所写的那些男女之间的种种隐晦暧昧。

金岳霖活了89岁，那时林徽因、梁思成都早已去世。终身未娶的他，晚年和梁思成、林徽因的儿子梁从诫一家生活在一起。梁从诫叫他“金爸”，在他生活起居皆已不能自理时，待他如同自己的父亲，关心他、照料他。金岳霖与梁思成、林徽因的情义延续到下一代，陪伴着他走完了一生。

金岳霖在晚年的随笔中，曾谈到他们之间的关系：

……

梁思成、林徽因是我最亲密的朋友。从1932年到1937年夏，我们住在北总布胡同，他们住前院，大院；我住后院，小院。前后院都单门独户。30年代，一些朋友每个星期六有集会，这些集会都是在我的小院里进行的，因为我是单身汉。我那时吃洋菜，除了请了一个拉洋车的外，还请了一个西式厨师。“星期六碰头会”吃的是咖啡冰激凌，喝的咖啡都是我的厨师按我要求的浓度做出来的。除早饭在我自己家吃以外，我的中饭晚饭大都搬到前院和梁家一起吃。这样的生活维持到“七七事变”为止。抗战以后，一有机会，我就住在他们家。他们在四川时，我去他们家不止一次。有一次我的休息年是在他们李庄的家过的。抗战胜利后，他们住在新林院时，我仍然同住，后来他们搬到胜因院我们才分开。我现在的家庭仍然是梁金同居。只不过我虽仍无后，而从诚已失先这一情况而已。

我同梁从诚现在住在一起，也就是北总布胡同的继续。

——金岳霖《梁思成、林徽因是我最亲密的朋友》

< 十 > 永远的伤逝

1931 年 11 月 19 日，雨天大雾。

徐志摩乘坐的“济南”号邮政航班在从南京飞往北平的途中，因雨天大雾，在济南开山一带触山坠落。遇难时，他年仅 34 岁。

那天晚上，林徽因在协和礼堂给外国驻华使节夫人演讲中国古建筑。原本徐志摩还说准备回北平听她演讲，谁知竟不幸空难殒命。

徐志摩的逝世，使朋友们猝不及防，悲痛难抑。

第二天一早，梁思成、金岳霖、张奚若就前往济南，会同沈从

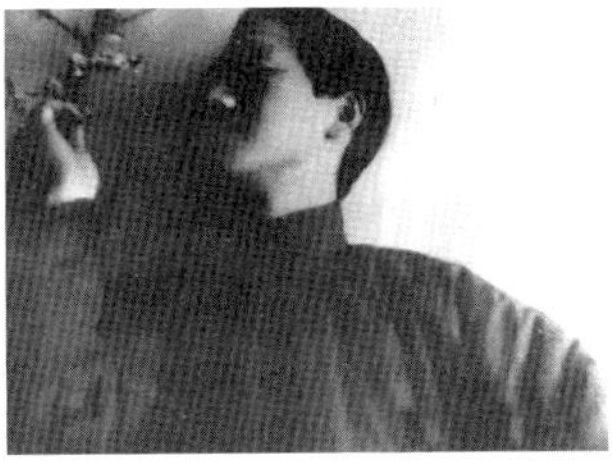

◇ 徐志摩

文、闻一多、梁实秋等朋友商议为徐志摩办理后事。他们劝阻了执意要一同前去的林徽因，她的体质一向很弱，加之又怀有身孕，他们担心她无法面对那惨痛的场面。

徽因和思成连夜赶做了一个花环，碧绿的铁树叶和洁白的花朵上浸透了徽因的泪水。

◇ 徐志摩与陆小曼

沈从文后来在《三年前的十一月二十二日》这篇文章中，讲述了徐志摩遇难前后的情形：

……

那时正值湿雾季节，每天照例总是满天灰雾。山峦，河流，人家，一概都裹在一种浓厚湿雾里。飞机去济南差不到三十里，几分钟就应当落地。机师卫姓，济南人，对于济南地方原极熟悉。飞机既已平安超越了泰山高岭，估计时间，应当已快到济南，或者为寻觅路途，或者为寻觅机场，把飞机降低，盘旋了许久，于是砰地碰了山头发了火。着了火后的飞机，翻滚到山脚下，等待这种火光引起村子里人注意，赶过来看时，飞机各部分皆着了火，已燃烧成为一团火了。躺在火中的人呢，早完事了。两个飞机师皆已成为一段焦炭，志摩座位在后面一点，除了衣服着火、皮肤有一部分灼伤外，其他地方并不着火。那天夜里落了小雨，因此又被雨淋了一夜。

……

两个工人把棺盖挪开，各人皆看到那个破产的遗体了，我们低下头来无话可说。我们有什么可说？棺木里静静地躺着的志摩，戴了一顶红顶绒球青缎子瓜皮帽,帽前还嵌了一小方丝料烧成“帽正”，露出一个掩盖不尽的额角，右额角上一个李子大斜洞，这显然是他的致命伤。眼睛是微张的，他不愿意死！鼻子略略发肿，想来是火灼炙的。门牙脱尽，额角上那个小洞，皆可说明是向前猛撞的结果。这就是永远见得生气勃勃，永远不知道有“敌人”的志摩。这就是他？他是那么爱热闹的人，如今却这样一个人躺在这小庙里。安静地躺在这个小而且破的古庙里……他是个不讨厌世界的人，他欢喜这世界上一切光与色。他欢喜各种热闹，现在却离开了这个热闹世界，向另一个寒冷宁静虚无里走去了……

……

天夜下来了。我们各个这时才记起已一整天还不曾吃饭的事情，被邀到一个馆子去吃饭，做东的是济南中国银行行长某先生。

吃过了饭，另一方面起柩上车的来报告人案业已准备完全，我同北平来的梁思成等三人急忙赶到车站上去等候，八点半钟棺柩上了车。这列车是十一点后方开行的。南行车上，伴了志摩向南的，有南京来的郭有守、上海来的张嘉铸和张慰慈以及志摩的儿子徐积锴。从北平来的几个朋友留下在济南，还预备第二天过飞机出事地点看看的。……

在站上，车辆同建筑，一切皆围裹在细雨湿雾里。这一次同志摩见面，真算是最后一次了。我的悲伤或者比其他朋友少一点，就只因为我见到的死亡太多了。我以为志摩智慧方面美丽放光处，死去了是不能再得的，固然十分可惜。但如他那种潇洒与宽容，不拘迂，不俗气，不小气，不势利，以及对于普遍人生万汇百物的热情，人格方面美丽放光处，他既然有许多朋友爱他崇敬他，这些人一定会把那种美丽人格移植到本人行为上来……

第二天，梁思成、金岳霖、张奚若等人又去徐志摩遇难地悼念，祭奠。蒙蒙细雨里，梁思成捡起一小片失事飞机的残骸，一路带回北平。

这片飞机残骸，寄托着对朋友的哀思。徽因用白绫将之包裹，一直存放在家中。

1931 年 12 月 7 日，在徐志摩遇难半个月后，《北平晨报》发表了林徽因的悼念文章《悼志摩》。她的文章，有对往事的回忆，有对徐志摩性格特征的描摹。写出了徐志摩对艺术、对美的痴迷；对朋友和一切人的善良和包容；对理想的坚守和愚诚。在许多的悼念文章中，林徽因的文章有着格外的分量：

11 月 19 日我们的好朋友、许多人都爱戴的新诗人徐志摩突兀地，不可信地，残酷地，在飞机上遇险而死去。这消息在 20 日的早上像一根针刺猛触到许多朋友的心上，顿使那一早的天墨一般地昏黑，哀恸的咽哽锁住每一个人的嗓子。

志摩……死……谁曾将这两个句子联在一处想过！他是那样活泼的一个人，那样刚刚站在壮年的顶峰上的一个人。朋友们常常惊讶他的活动，他那像小孩般的精神和认真，谁又会想到他死？

……

我们中间没有绝对信命运之说的，但是对着这不测的人生谁不感到惊异，对着那许多事实的痕迹又如何不感到人力的脆弱、智慧的有限。世事尽有定数？世事尽是偶然？对这永远的疑问我们什么时候能有完全的把握？

……

……志摩，我的朋友！

……

我认得他今年整十年，那时候他在伦敦经济学院，尚未去康桥。我初次遇到他，也就是他初次认识到影响他迁学的狄更生先生。不用说他和我父亲最谈得来，虽然他们年岁上差别不算少，一见面之后便互相引为知己。他到康桥之后由狄更生介绍进了皇家学院，当时和他同学的有我姊丈温君源宁。一直到最近两月中源宁还常在说他当时的许多笑话，虽然说是笑话，那也是他对志摩最早的一个惊异的印象。志摩认真的诗情，绝不含有丝毫矫伪，他那种痴、那种孩子似的天真实能令人惊讶。源宁说，有一天他在校舍里读书，外边下了倾盆大雨——唯是英伦那样的岛国才有的狂雨——忽然他听到有人猛敲他的房门，外边跳进一个被雨水淋得全湿的客人。不用说他便是志摩，一进门一把扯着源宁向外跑，说快来我们到桥上去等着。这一来把源宁怔住了，他问志摩等什么在这大雨里。志摩睁大了眼睛，孩子似的高兴地说："看雨后的虹去。"源宁不只说他不去，并且劝志摩趁早将湿透的衣服换下再穿上雨衣出去，英国的湿气岂是儿戏，志摩不等他说完，一溜烟地自己跑了！

以后我好奇地曾问过志摩这故事的真确，他笑着点头承认这全段故事的真实。我问："那么下文呢，你立在桥上等了多久，并且看到虹了没有？"他说记不清，但是他居然看到了虹。我诧异地打断他对那虹的描写，问他，怎么他便知道准会有虹的。他得意地笑答我说："完全诗意的信仰！"

……

志摩，我的朋友，死本来也不过是一个新的旅程，我们没有到过的不免过分地怀疑，死不定就比这生苦，"我们不能轻易断定那一边没有阳光与人情的温慰"，但是我前边说过最难堪的是这永远的静寂。我们生在这没有宗教的时代，对这死实在太没有把握了。这以后许多思念你的日子怕要全是昏暗的苦楚，不会有一点点光明，除非我也有你那美丽的诗意的信仰！

……

志摩的最动人的特点是他那不可信的纯净的天真，对他的理想的愚诚，对艺术欣赏的认真，体会情感的切实，全是难能可贵到极点。他站在雨中等虹；他甘冒社会的大不韪争他的恋爱自由；他坐曲折的火车到乡间去拜哈代；他抛弃博士一类的引诱卷了书包到英国只为要拜罗素做老师；他为了一种特异的境遇、一时特异的感动从此在生命途中冒险，从此抛弃所有的旧业，只是尝试写几行新诗——这几年新诗尝试的运命并不太令人踊跃，冷嘲热骂只是家常便饭——他常能走几里路去采几茎花，费许多周折去看一个朋友说两句话；这些，还有许多，都不是我们寻常能够轻易了解的神秘。我说神秘，其实竟许是傻，是痴！事实上他只是比我们认真，虔诚到傻气、到痴！他愉快起来，他的快乐的翅膀可以碰得到天；他忧伤起来，他的悲戚是深得没有底。寻常评价的衡量在他手里失了效用，利害轻重他自有他的看法，纯是艺术的情感的脱离寻常的原则，所以往常人常听到朋友们说到他总爱带着嗟叹的口吻说：“那是志摩，你又有什么法子！”他真的是个怪人吗？朋友们，不，一点都不是！他只是比我们近情、近理，比我们热诚，比我们天真，比我们对万物都更有信仰，对神、对人、对灵、对自然、对艺术！

朋友们，我们失掉的不只是一个朋友、一个诗人，我们丢掉的是个极难得可爱的人格。

……

谁相信这样的一个人，这样忠实于“生”的一个人，会这样早地永远地离开我们另投一个世界，永远地静寂下去，不再透些许声息！

我不敢再往下写……志摩，你这最后的解脱未始不是幸福，不是聪明，我该当羡慕你才是。

< 十一 > 难得的好时光

1932 年，徽因第二个孩子出生。她满怀喜悦，和思成一起给儿子起名“从诫”，以纪念宋代的建筑学家——《营造法式》的作者李诫。这名字寄托着他们夫妇的希望，他们希望儿子将来能够成为一个继承他们事业的建筑学家。

怀抱着新生命，徽因心中涌动着浓浓的爱意。这爱意如四月的春风，抚慰着身心。徽因为儿子写下了《你是人间的四月天》：

我说你是人间的四月天；
笑响点亮了四面风；轻灵
在春的光艳中交舞着变。

你是四月早天里的云烟，
黄昏吹着风的软，星子在
无意中闪，细雨点洒在花前。

那轻，那聘婷，你是，鲜妍
百花的冠冕你戴着，你是
天真、庄严，你是夜夜的月圆。

雪化后那片鹅黄，你像；新鲜
初放芽的绿，你是；柔嫩喜悦
水光浮动着你梦期待中白莲。

你是一树一树的花开，是燕
在梁间呢喃，——你是爱，是暖，
是希望，你是人间的四月天！

林徽因和所有母亲一样疼爱自己的儿女，但她在忙孩子、忙家务的同时，心里还有放不下的写作和建筑学研究等诸多事情。费慰梅在自己的著作中谈到，林徽因曾对她谈及，当自己在做那些家务琐事时常常会因为手上的活老干不完，或老是不断增加而变得不耐烦。可如果是在写作或做别的什么有意思的事情，即便意识到自己忽视了家庭义务，也一点不感到内疚。可当她的孩子生了病或体重减轻时，她就会感到十分不安，她会日夜守护着孩子，忘记了自己的健康和休息。

她的女儿梁再冰在《我的妈妈林徽因》中，忆及生活中的林徽因许多生动的细节：

……

最深刻的印象之一是生病时妈妈对我无微不至的体贴和细心照料。那时候，生活条件较好，我和弟弟的卧室在北院的一排西厢房（朝东）中，有保姆照顾日常生活。但每到我生病时，妈妈就把我抱到她的卧室中自己照料我。我常犯胃病，稍吃油腻就会反胃。有一次呕吐得很厉害，连喝水也吐。最后渴得不行，妈妈就一点一滴地喂我喝水。晚上她把一小茶壶水放在我床边，告诉我渴时只能“抿一口”。我夜里醒来，发现她根本没睡，一直在听着我的动静。

那时我生病时总觉得妈妈既是母亲，又是医生和护士。她很少带我去医院，总是在咨询医生后自己护理我。她兼有医生的观察和判断能力、护士的细心和母亲的体贴，所以每到生病时，只要妈妈在身边就很安心，知道她会想尽一切办法减少我的痛苦，她不在身边就觉得很紧张、很委屈。

……

①

② ③

① 20 世纪 30 年代初林徽因与儿子

② 林徽因的一对儿女

③ 林和儿女在北总布胡同的院子里

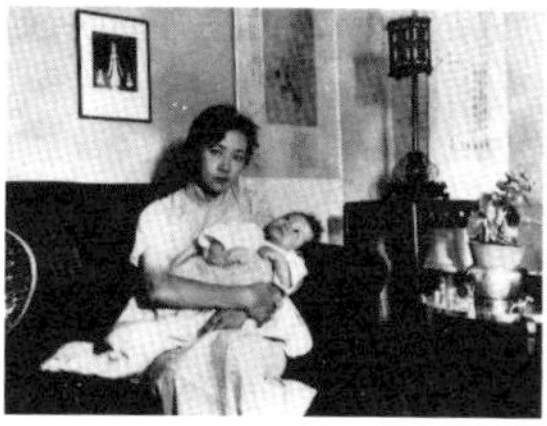

① 与思庄和儿女同游太和殿

② 和女儿、儿子在北总布胡同的院子里

③ 林徽因怀抱出生不久的梁从诫

④ 林徽因与儿子梁从诫

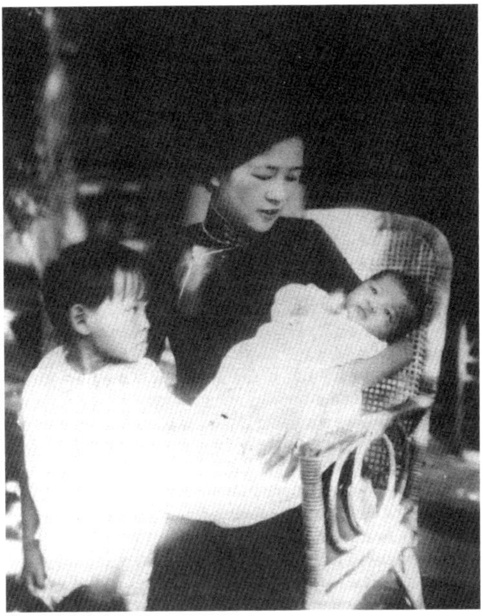

◇ 林徽因与儿女

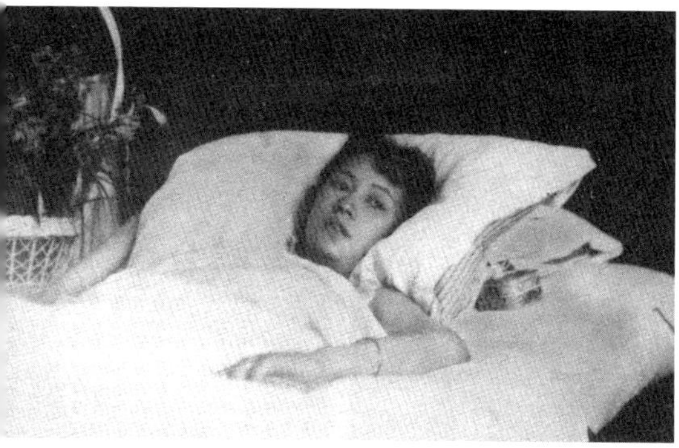

◇ 林徽因

◇ 写作中的林徽因

在这所房子里，妈妈还给我抱来一只小猫。我还模糊地记得那天在两个院子之间有垂花门的廊子东头，在一间小屋里，妈妈把这只小猫抱给我，让我给它起名字。我不知从何而来的灵感，随口说："叫它'明儿好'吧！"从此这猫就叫"明儿好"了。但后来它身上生了跳蚤，妈妈用樟脑丸涂在猫身上想消灭这些跳蚤，结果猫舔食后死了。妈妈十分后悔，多年以后还在自责。

爹爹和妈妈还曾送给我一只小白狗，想帮助我克服那时十分怕狗的心理。这只狗非常小，像个玩具。为了强调它是我的狗，他们给它起名"冰狗"。

北总布胡同3号不仅是我的家，也是我的姑姑、叔叔、舅舅和姨们长住、短住或度周末的家。

……

妈妈自小就是家里的大姐，又是梁家兄弟姐妹们的"二嫂"（爹爹行二，但伯父早夭），由于对弟妹们真挚、关爱、亲切，所以他们都愿常来我家，而且常常把自己的同学和朋友们也带来。

20 世纪 30 年代初期，林徽因生活优裕，儿女绕膝，事业蒸蒸日上，亲人朋友其乐融融，那是她一生难得的好时光。

< 十二 > 建筑的诗意

林徽因作为两个孩子的母亲,除了忙不完的家务和为报刊写稿，她最乐意投入时间和精力的是她和丈夫共同的事业——对中国古代建筑的研究。

儿子从诫满周岁后，徽因便放下手头的一切事务和思成一起外出，去考察测绘那些散存在荒僻乡野的古建筑。

1932 年，梁思成、林徽因对北平郊区的古建筑进行考察。考察完毕，他们夫妻合作完成了《平郊建筑杂录》一文，发表在《中国营造学社汇刊》1932 年 11 月第 3 卷第 4 期。

《平郊建筑杂录》一看就知道哪些部分出自林徽因的笔下。她在前言部分谈建筑自由洒脱，在“诗意”“画意”之外，她为那些让人欣赏的美好建筑命名为“建筑意”。

北平四郊近二三百年间建筑遗物极多，偶尔郊游，触目都是饶有趣味的古建。其中辽金元古物虽然也有，但是大部分还是明清的遗构；有的是煊赫的“名胜”，有的是消沉的“痕迹”；有的按期受成群的世界游历团的赞扬，有的只偶尔受诗人们的凭吊，或画家的欣赏。

……

建筑审美可不能势利的。大名煊赫尤其是有乾隆御笔碑石来赞扬的，并不一定便是宝贝；不见经传、湮没在人迹罕到的乱草中间的，更不一定不是一位无名英雄。以貌取人或者不可，“以貌取建”却是个好态度。北平近郊可经人以貌取舍的古建筑实不在少数。摄影图录之后，或考证它的来历，或由村老传说中推测它的过往——可以成一个建筑师为古物打抱不平的事业和比较有意思的夏假消遣。而他的报酬便是那无穷的建筑意的收获。……

在《卧佛寺的平面》一章中，她毫不留情地讥笑那些被“整修”的牌楼：

……

从玉泉山到香山的马路，快近北辛村的地方，有条岔路忽然转北上坡的，正是引导你到卧佛寺的大道。寺是向南，一带山屏障似的围住寺的北面，所以寺后有一部分渐高，一直上了山脚。在最前面，迎着来人的，是寺的第一道牌楼，那还在一条柏荫夹道的前头。当初这牌楼是什么模样我们大概还能想象，前人做的事虽不一定都比我们强，却是关于这牌楼大概无论如何他们要比我们大方得多。现在的这座只说它不顺眼已算十分客气，不知哪一位和尚化来的酸缘，在破碎的基上竖了四根小柱子，上面横钉了几块板，就叫它做牌楼。这算是经济萎衰的直接表现，还是宗教力渐弱的间接表现？

① 梁思成考察照

② 南方考察途中(费慰梅、林徽因、梁思成)

③ 考察途中

④ 考察途中寄家人

⑤ 考察一座桥

⑥ 考察古建筑

⑦ 考察途中

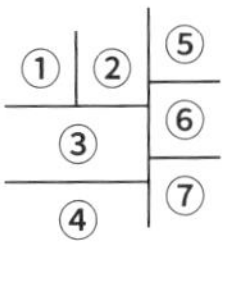

一时我还不能答复。

一旦发现了历尽劫难保留下来的古建筑物，她则具有建筑学家严谨认真的分析判断：

……

从前面牌楼一直到后殿，都是建立在一条中线上的。这个在寺的平面上并不算稀奇，罕异的却是由山门之左右，有游廊向东西，再折而向北，其间虽有方丈客室和正殿的东西配殿，但是一气连接，直到最后面又折而东西，回到后殿左右。这一周的廊，东西（连山门和后殿算上）十九间，南北（连方丈配殿算上）四十间，成一个大长方形。中间虽立着天王殿和正殿，却不像普通的庙殿，将全寺用“四合头”式前后分成几进。这是少有的。

这种平面布置，在唐宋时代很是平常，敦煌画壁里的伽蓝都是如此布置，在日本各地也有飞鸟平安时代这种的遗例。在北平一带（别处如何未得详究），却只剩这一处唐式平面了。

……

中国传统知识分子讲究“坐而论道”。梁思成、林徽因作为现代知识分子，不仅重视理论研究，更重视科学实证。

他们研究中国的建筑历史选择从历代建筑入手，从实地考证测绘开始，对中国历代建筑技术及其艺术价值一处一处地进行记录和研究。

华北民间流传着这样的民谣："沧州狮子应州塔，正定菩萨赵州桥。"民谣唱出了河北一带的古建筑名胜。

正定菩萨是指河北正定县的隆兴寺，这座隆兴寺是历史上有名的大佛寺。

梁思成和营造学社的实地考察，就从河北开始。

在蓟县，他们考察测绘了独乐寺的观音阁。它建于辽代统和二年（984 年），在它建成 119 年后才有李诫的《营造法式》。

观音阁是环绕着一尊高达 16 米的 11 面观音塑像而建起的木结构建筑。阁高三层，安置观音塑像的地方建成了中空的天井。人站在一层仰望观音塑像，显得高不可攀。拾级而上，到了第三层，高及菩萨的前胸，就可以观瞻观音的面容。

古代工匠在修筑这座建筑时，是如此匠心独运地巧妙处理高大的菩萨塑像和瞻仰朝拜者的关系。

思成在考察报告中写道："这是我生平第一次看到了一座如此古老的、在中国建筑史上具有重要地位的殿宇。"

乘着考察独乐寺的成功，他们又考察了天津宝坻的西大寺。在西大寺三大士殿堆满稻草的迷蒙尘土中，梁思成惊喜地发现了《营造法式》中所说"彻上露明造"的梁枋结构。

梁思成在考察报告中写道："无论殿内殿外的斗拱和梁架，我们可以大胆地说，没有一块木头不含有结构的技能和意义。在殿内抬头看上面的梁架就像看一张 X 光照片，内部的骨干一目了然，这是三大士殿最善最美处。"

对于这一发现他满怀感激："在发现蓟县独乐寺几个月后又得

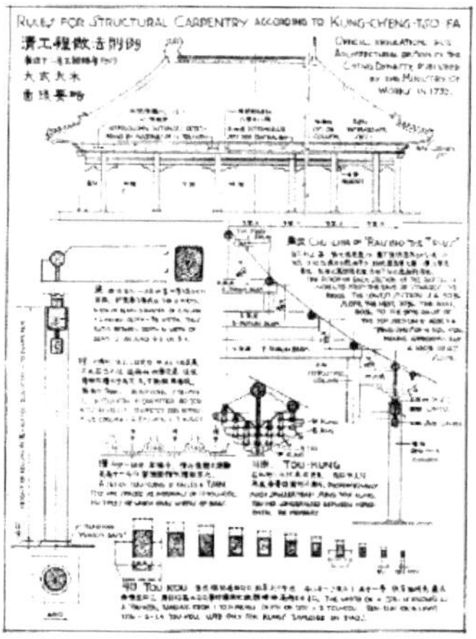

第4图 清工部《工程做法则例》大式木作图样要略

◇ 梁思成手稿

见一个辽构，实是一个奢侈的幸福。”

这种幸福感，足以让他们忘记一路的艰辛和狼狈。

6 月炽热的阳光下，他们长时间等待着不定时的长途汽车。车站位于猪市当中，他们在猪的惨叫声中登上汽车。

汽车行驶在乡间泥泞的道路上，车速如蜗行。乘客不时要下车，在松软的泥沙地中一步一步艰难地推车前行。

到了目的地，到处都找不到可以住宿的地方。好不容易找到一处客栈，只见院子里喂着牲口，屋子里爬满苍蝇。

一次路遇大雨，他们走在前不见村、后不着店的地方，大风裹挟着雨水扑打着他们。一直走了很长时间，才远远地看见一个村落。

而在以后几年的考察中，梁思成和林徽因对这样的“旅行”已习以为常，对类似的遭遇已不足为奇。

1933 年，徽因、思成及营造学社的同事到了山西。

林徽因用充满诗意的语言记述着他们的山西之行：“天是透明的蓝，白云更流动得使人可以忘记很多的事，更不用说到那山山水水、小堡垒、村落，反映着夕阳一角庙、一座塔！景物是美得使人心慌心痛。”

山西的风光很美，可在山西的考察行程却艰苦万分。

梁思成写道：“餐风宿雨、艰苦简陋的生活与寻常都市相较，至少有两世纪的分别。”但考察成果让他们喜悦兴奋：“我们所参诣的古构不下三四十处，元明遗物随地遇见。”

在大同，他们找不到投宿的地方，无奈中又回到了火车站，准备在候车室过夜。不期然间，在这里碰到了车站站长，这位站长是他们宾夕法尼亚大学的同学，站长同学当年在宾大学的是交通运输。

老同学把他们一行接到自己家里，腾出自家的房间，安排他们食宿。

思成、徽因不忍搅扰同学，后来找到市政当局，市政方面吩咐一家餐馆给他们供应三餐。在大同考察期间，他们每天三餐吃的都是一人一碗汤面条。

他们在山西考察测绘了华严寺、善化寺和大同云冈石窟及应县木塔等古代建筑和文物。

在测绘应县木塔时，林徽因提前回到了北平。只因为离家久了，家中上有老人、下有年幼的孩子，让她和思成放心不下。虽然人回到了家里，但她时刻惦记着思成一行的考察。

思成在考察期间写给徽因的信中，喜悦地向徽因诉说着他们到应县后的工作和发现：

“……离县二十里即见塔，由夕阳返照中见其闪烁，一直看到它成了剪影，那算是我对这塔的拜见礼。……塔共有五层，但是下

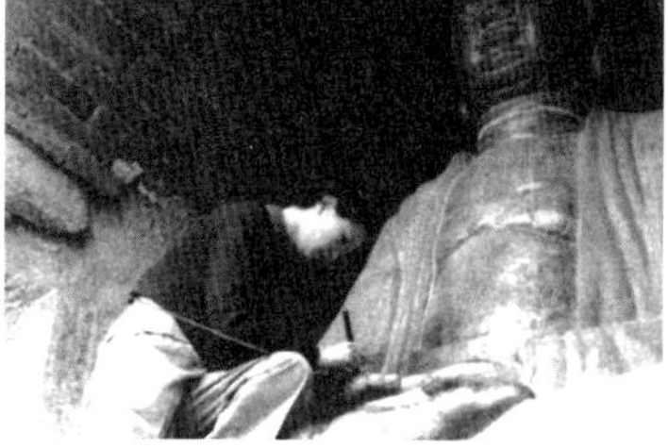

◇ 林在考察中

层有副塔（注：重檐建筑之次要一层，宋式谓之副塔），上四层，每层有平座（实算十层）。因梁架斗拱之间，每层需量俯视、仰视、平面各一，共二十个平面图要画！塔平面是八角，每层需做一个正中线和一个斜中线的断面。斗拱不同者三四十种，工作是意外繁多，意外地有趣……这塔真是独一无二的伟大作品。不见此塔，不知木构的可能性到了什么程度。我佩服极了，佩服建造这塔的时代和那时代里不知名的大建筑师、不知名的匠人。”

思成还在信中诉说着徽因不在他们身边的遗憾：“……你走后我们大感工作不灵，大家都用愉快的意思回忆和你各处共同工作的畅顺，悔惜你走得太早。我也因为想到我们和应县木塔特殊的关系，悔不把你硬留下同去瞻仰。家里放下许久实在不放心，事情是绝对没有办法，可恨。……”

当时，他们所到的这些古代建筑遗存处地处僻壤穷乡，交通不便，道路不通，食宿无着，蚊蝇扑面，虱蚤成群。有的地方匪盗出没，甚至会危及生命。

林徽因和营造学社的同事一起，踩烂泥，坐驴车，吃干粮，爬高上低，测绘记录。

许多年以后有外国记者采访梁从诫，问道：“你母亲穿旗袍，怎么攀爬到建筑物上去考察测量呢？”

梁从诫幽默地回答：“这是我们家族的秘密。”

< 十三 > 穿旗袍的建筑师

1934 年，梁思成被任命为北平市文物保护委员会顾问。

整个夏天，徽因与思成及营造学社的同事考察勘测了北平的主要建筑文物。从故宫的三大殿到社稷坛和太庙，从颐和园到天坛、北海的古建筑。

初夏的一天，林徽因和梁思成登上天坛的祈年殿进行测绘。

天坛是明、清两代帝王每年冬至主持祭天大典的地方。这里方圆占地约四千亩，整体面积比紫禁城还大，但建筑物远比紫禁城少。开阔舒朗的空间，幽深静穆的环境，给人以离尘出世之感。从祈年殿望下去，红色的围墙内是一片苍郁的绿荫，一条笔直的大道连接着祈年门、皇穹宇和寰丘。

寰丘是一座圆形三层的白色大理石平台，那是祭天的圣坛。平台晶莹洁白，象征着上天的圣洁空灵。平台各层的石阶、栏板、栏杆、条石都是九或九的倍数，象征着“周天三百六十度”。寰丘外环绕着围墙，象征着天圆地方。

祈年殿是帝王祈求丰年的祭殿，这是一座三层重檐的圆形大殿，深蓝色的伞形琉璃瓦顶，宝顶涂金，熠熠闪亮。殿堂有 12 根檐柱、12 根内柱和 4 根中心龙柱，象征着 12 个时辰、12 个月、24 节气和一年四季。大殿造型单纯洗练，富于纪念性。

◇ 应县佛塔

有一张林徽因和梁思成站在祈年殿上的照片。徽因微笑着，和思成站在一起。她身穿长长的旗袍，手拿一顶小斗笠。她的装束似乎很不便于攀登，但她就这样登上了祈年殿。在祈年殿建成数百年的历史中，她是第一位攀登上去测绘的女性。

工作是繁重的，工作又是令他们兴奋的。在典丽的史诗般的建筑群落中测绘记录、探索思考，他们感到莫大的幸福和满足。

◇ 梁思成手绘应县佛塔

1935 年，梁思成担任山东曲阜孔庙修缮养护工程顾问。

1936 年，林徽因与梁思成一同前往河南洛阳，会同正在河南调查古建筑的刘敦桢、陈明达、赵正之等学社成员，一起考察测绘河南龙门石窟。

龙门石窟位于洛阳南的伊河畔。石窟造像始于 493 年北魏孝文帝迁都洛阳之时，经过北齐、北周、隋等朝代，龙门石窟初具规模。到了唐代，龙门逐渐成为皇室、贵族造像活动的中心。经过历朝历代，伊水侧畔，龙门山崖，共开凿窟龛二千一百多个，造像十万余尊，题记和碑刻三千三百余品，修建佛塔四十余座……与敦煌的莫高窟、大同的云冈石窟并称中国的三大石窟。

20 世纪 30 年代的龙门地处荒郊，道路不通，人烟稀少。山上荆棘蒿草高可没人，石径湮灭，崎岖难行。

徽因用雨伞拨开蒿草，辨识着路径。山崖横生的杂草荆棘扯挂着她的衣襟和头发，她索性掏出毛巾像北方农家女一样系在头上。

和往常外出考察一样，他们一行各有分工。梁思成、陈明达为洞窟和佛像拍照，林徽因记录佛像和窟龛的雕饰，刘敦桢为洞窟编号和记录建筑特征，赵正之抄录铭刻和开凿年代。

他们看到，由于缺乏保护措施，洞窟出现了裂缝，洞内渗水，阴森潮湿。许多雕像在时间的长河中，被风化剥蚀得面目全非。

龙门石窟最让他们感到震撼的是奉先寺。高达 17 米的卢舍那大佛端坐在群像之中，气度恢宏，庄严神圣。卢舍那佛像的面容慈悲博大，冷峻脱俗，神情中有洞悉世间一切的大悲悯。

令他们叹为观止的是，奉先寺向外不远就是悬崖，悬崖下是滚滚的伊水。雕塑的石匠显然不能后退观察大佛面部各处细节，而隔河相望又距离太远。当时还没有望远镜之类的工具，那么，当时的匠人怎么能把佛像的表情处理得如此安详、庄严而超脱凡尘呢？他们在测绘研讨之余，不能不对唐代工匠们的高超技艺感佩不已。

龙门的工作结束后，徽因和思成又前往开封考察了繁塔、铁塔、龙亭，然后从开封到山东，继续考察了长清、泰安、济宁等 11 个县的古建筑。

暑热天气，考察途中林徽因在给家人的信中写道：“每去一处

① 梁、林考察天坛

② 梁思成考察古建筑

③ 晋祠大殿

◇ 外出考察照

◇ 考察途中

◇ 考察中

都是汗流浃背地跋涉，走路工作的时候又总是早八点至晚五点最热的时间里……真真累得不亦乐乎。吃得也不好，天太热也吃不下。整天被跳蚤咬得慌，坐在三等火车上又不好意思伸手在身上各处乱抓，结果浑身是包！”

建筑学家刘敦桢是他们在营造学社的同事。在当年的日记中，刘敦桢留下了片言只语，记述下了考察的艰辛：“寓所湫隘，蚤类猖獗，终夜不能交睫。”

<十四> 石窟与塔的韵律

我卷起一个包袱走，
过一个山坡子松，
又走过一个小庙门，

在早晨最早的一阵风中。
我心里没有埋怨，人或是神；
天底下的烦恼，连我的
拢总，
像已交给谁去……

前面天空。
山中水那样清，
山前桥那么白净——
我不知道造物者认不认得
自己图画；
乡下人的笠帽、草鞋，
乡下人的性情。

——林徽因《旅途中》

林徽因和梁思成在各地考察途中，他们各自观察感受事物各有不同的切入点，也表现出他们之间不同的个性。

梁思成看待事物，更多的是科学、理性的探究和建筑学家的眼光。

当看到一座建得潦草的塔，他会批评道：这塔的结构设计不合理，塔身高高耸起，而那不足度的“收分”和重重过深过密的檐使人有不安定的印象。

路过一座便桥，司机要求乘客下车步行过桥，然后将空车从桥上开过去。思成会仔细地观察桥体，对徽因说：这桥堪称国产特色工程——在木柱木架之上，安扎高粱秆，再铺泥土，这样的结构居然有力量承载汽车，似值得注意……

而林徽因看事物则更多的是审美、感性的眼光："……乡村各种浪漫、秀丽天真。老的扶着拐杖，小的赤着胸背，沿路上点缀的尽是他们明亮的眼睛和笑脸。一处山坡上，有人在走路、放羊，迎着阳光，背着阳光，投射着转动的光影；近地里，孩子头上梳着三个小辫子的乃至五六个小辫子的，衣服简单到只剩下一个红兜肚，上面隐约绣有两三朵花……"

20 世纪 30 年代，林徽因和丈夫在建筑学界乃至整个文化界声名鹊起，引人注目。在营造学社，他们夫妇志同道合，事业上配合默契。即使如此，两人的性格及特长仍有不同的表现。正如他们的儿子在回忆他们的文章中所谈到的："他们之间在对中国传统文化的珍爱和对造型艺术的趣味方面有着高度的一致性，但是在其他方面也有许多差异。父亲喜欢动手，擅长绘画和木工，又酷爱音乐和体育，他生性幽默，做事却喜欢按部就班、有条不紊；母亲却富有文学家式的热情，灵感一来，兴之所至，常常可以不顾其他，有时不免受情绪的支配。"正因为他们有着相同的追求和爱好，各自不同的性格和气质又形成了很好的互补。

梁思成、林徽因曾多次赴山西考察。因为费慰梅也对中国古建筑的研究感兴趣，所以，在一次长达一个月的山西之行中，费慰梅和费正清夫妇与梁、林夫妇一路同行。

刚开始，费慰梅很不适应林徽因容易激动、起伏变幻的情绪，她

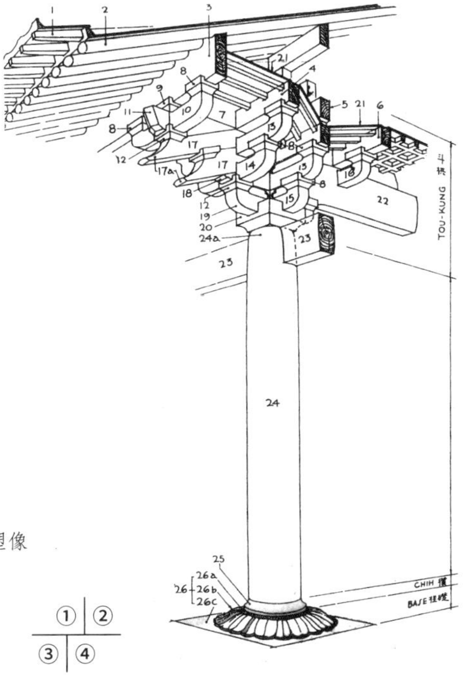

① 林徽因正在观看佛光寺唐代塑像

② 精美的佛像雕塑

③ 考察图

④ 梁思成绘图

① ② ③

① 考察途中

② 外出考察

③ 梁、林在考察路上

觉得这个急躁易怒的林徽因和那个快乐优雅的林徽因简直判若两人。

常常有这样的情形，体力的透支和恶劣的环境使林徽因的心情糟糕，她会抱怨批评落后的社会，诅咒差劲的道路和天气，嘲笑阎锡山在山西境内铺设的窄轨铁路，还有那些不顾他们的考察计划的脚夫，及为了一点小钱把寺院的壁画撕下来卖给外国人的猥琐的僧人……这一切都会让林徽因情绪反应激烈。

近距离的相处，使费慰梅也真正理解了林徽因。这才是真实的林徽因，一个诗人气质、毫不掩饰自己的好恶、爱憎鲜明的林徽因。不安时，她的所思所想全是不安；悲伤时，她的心中充满了悲伤。而看到美丽的景色、发现了珍贵的古建筑遗存时，她的喜悦和欢乐同样强烈和富有感染力。

每当徽因情绪反应激烈的时候，思成总是专注地、坚定地、有条不紊地按计划做事。思成的豁达、包容和幽默，很快就能化解徽因的不快，让她恢复平静，一如既往地把激动变成行动。

人们提起林徽因，常常把她和“太太客厅”联系在一起。其实，“太太客厅”只是林徽因生活的一个侧面。

在生活最优裕的那些年里，林徽因和丈夫长年奔走在穷乡僻壤，一点一点地梳理着中国建筑发展的脉络，对每一处古建筑的发现如获至宝。她行走乡间，住肮脏的小店，床铺上爬满臭虫跳蚤，粗劣的食物和艰辛的工作损害了她的健康，山野的风和无遮无拦的烈日侵蚀着她的肌肤，但她从未因此改变自己的信念和选择。她对自己珍爱的事业和艺术具有献身的热情，这是林徽因最令人钦敬的品质。

< 十五 > 考古上的重大发现

几年的野外考察，思成、徽因和营造学社的同人们有了很多古建筑的重要发现。可在这些成果中，建筑年代最早的木结构建筑仍然是学社初期调查的蓟县独乐寺、应县木塔等宋辽时期的建筑。当时的日本建筑学界断言：中国已不存在唐代建筑，要想看到唐代建筑的实物只有到日本奈良去。

一天，思成细细地翻阅英国人伯希和的《敦煌石窟图录》，这本书他已看过多次。这天，其中的两幅壁画吸引了他的注意。壁画中描绘了佛教圣地五台山的全景，对每座寺庙都标注了名称。其中，地处五台山外围的大佛光寺，文字标注说明建于唐代。放下书，他又专门到北平图书馆，查阅了《清凉山（五台山）志》中关于佛光寺的记载。

他和徽因分析，佛光寺不在五台山台怀的中心区域，交通不便，进香的信徒少，寺僧必定贫寒。贫寒的寺僧没有钱财和力量改建寺庙，或许古建筑的原貌侥幸能够得以保存。

但是，谁也不能担保，经过了历朝历代的战乱和自然灾害，这样一座木结构建筑还能保存下来。在以前的考察中他们有过许多次这样的经历，千辛万苦地找到了地方，结果却大失所望。原来想看到的建筑物不是早已损毁为废墟，就是被重新改造修建得俗不可耐，不成样子。

但他们还是决定再进五台山，无论结果如何，都要去碰碰运气。

1937 年，天气暖和起来，思成、徽因和营造学社的莫宗江、纪玉堂一起前往五台山，寻找佛光寺。

每次外出考察，前期的准备都是少不了的。

首先是案头的工作，要阅读考察地所有相关书籍资料。了解当地的历史、地理、宗教、习俗等方面的情况，记录下有关建筑的文字或图像，制订出考察计划和目录。

◇ 和思成外出考察古建筑

再就是要争取得到当地政府的支持。他们的考察地点多是穷乡僻壤，他们的考察活动常常不被当地人理解而受阻，有时甚至会有生命危险。所以，每次出发前，他们都要通过各种关系同当地政府和驻军打招呼，希望他们对考察活动予以支持，对考察人员予以保护；待考察结束后，还要吁请当地政府对有价值的文物建筑予以妥善保护。

还要有物质上的准备。古建筑考察是艰苦而默默无闻的工作，营造学社资金有限，设备简陋。他们除了测量仪器和照相机外，每个人都有一个工具包，包里装着各种家什。当他们攀援上古建筑时，包里那些可以伸缩的尺子及其他自制的一应工具都可以派上用场。

在野外考察常常无处食宿，所以他们自带的行李中还有吊床和一些食品。

从太原先到五台山，艰难行走跋涉在山间小路，寻找佛光寺所在的豆村。他们终于到了豆村，天时已近黄昏。天空是明净的澄蓝，这是中国北部最美丽的蓝天。

佛光寺坐落在山村的一片高坡上，黄昏柔和的光影勾勒出庙宇

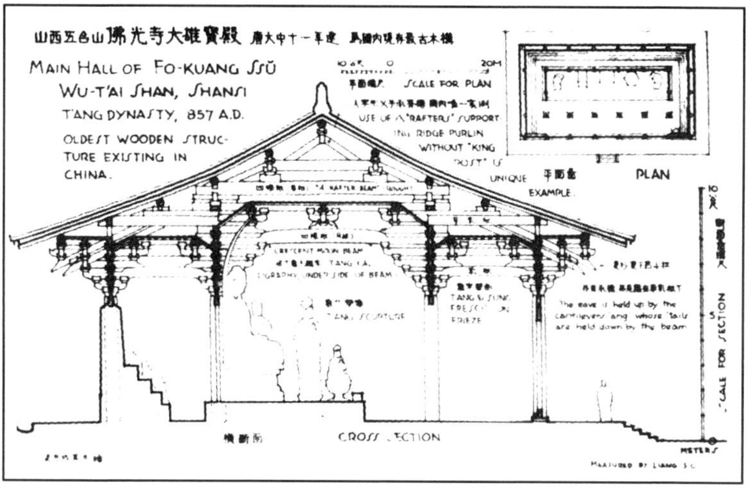

山西五台山佛光寺大雄宝殿断面及平面图

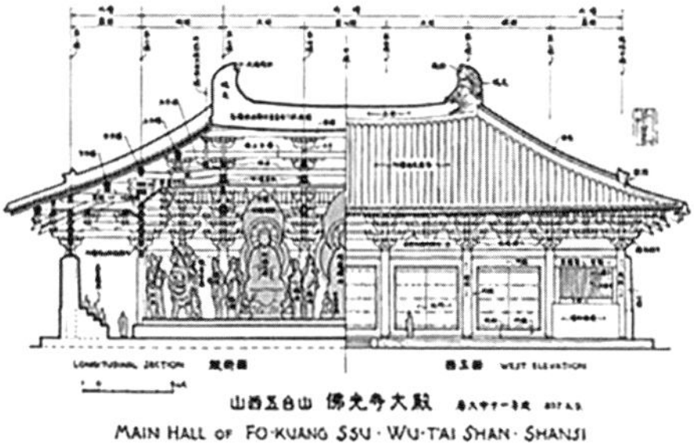

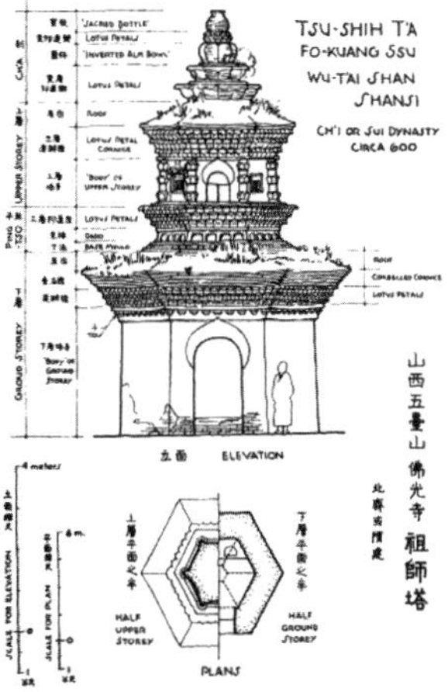

①
②|③

① 梁思成手绘的佛光寺建筑

② 梁思成手绘的佛光寺图

③ 佛光寺考察图

①	②
③	
④	

① 林徽因在五台山佛光寺与宁公遇夫人塑像合影

② 林徽因测量古建筑

③ 五台山佛光寺

④ 佛光寺斗拱

苍劲的轮廓。他们一行兴奋得心怦怦直跳，根据他们多年的考察经验，只从大殿巨大、坚固、简洁的斗拱和高挑深远的屋檐就可断定，这是一座年代久远的古建筑。

佛光寺坐东朝西，南、北、东三面群峰环抱，西面的地势开阔豁朗，整座庙宇看上去气势不凡。

进得山门，前后有两个院落，两个院落都很宽敞。殿、堂、楼、阁、窑、房、厩、舍，井然有序。佛教以东为上，后院的东大殿是正殿。正殿面宽七间，进深四间。柱、额、斗拱、门窗、墙壁均未施油漆彩绘，而只用土红涂刷，更显得素洁古朴。

东大殿宽敞的佛龛上供奉着三十五尊佛像，看上去像是一座仙林，其中五尊主佛是释迦牟尼佛、弥勒佛、阿弥陀佛、普贤菩萨、文殊菩萨。主佛的周围，佛像环侍。大殿的两侧和后侧，分列着五百罗汉的塑像。

让他们意外的是，在佛龛的左边塑有一尊真人大小、身着便装的女人坐像。僧人告诉他们，这是篡位的武后的塑像。

他们一行在寺院里住了下来，第二天一早就开始了对佛光寺的考察测量。

木构建筑最重要的结构是房屋的顶部，思成和助手们爬上了屋顶。顿时，他们有如获至宝的惊喜。他们在上面看到了过去只在唐代绘画中见过的双主椽结构，看到了古老的人字形“叉手”承脊栋——这种结构他们过去只在《营造法式》这本古书中读到过。

黑暗的屋顶藻井上，堆积着厚厚的上千年的尘土。没有光线的房屋檩条上倒挂着成千上万只黑色的蝙蝠，堆积的尘土中埋着许多蝙蝠的死尸。他们攀援在房梁上惊动了在黑暗中的蝙蝠，它们扇动着三角形的翅膀，搅起令人窒息的尘土和秽气。藻井里到处爬满了密密麻麻的臭虫，它们以吸食蝙蝠血为生。

梁思成一行戴着口罩，亮着手电筒，在呛人的尘土和难耐的秽气中一待就是几个小时，被惊扰的蝙蝠在他们的身上、头上飞来撞去。

当工作告一段落，他们从屋檐下钻出，大口呼吸着新鲜空气时这才看到，自己的身上和背包里爬满了臭虫，感觉浑身奇痒难耐。

通过大殿主梁上的字迹和院中的经幢上的铭刻互相对照，他们确定，大殿建于唐宣宗大中十一年，即 857 年。大殿中那尊泥塑的身着便装的女人坐像，并不是僧人们所说的“武后”，而是这座寺院的女施主——宁公遇夫人。

佛光寺已有上千年的历史，这是自营造学社成立之后，思成他们多年考察经历中发现的唯一一座唐代木结构建筑。不仅如此，他们在这里还发现了唐代的壁画、书法、雕塑。

这是他们从事野外考察以来最高兴的日子，发现的快乐使他们忘记了所有的艰辛和劳累。

当他们结束佛光寺的工作下了五台山到代县住下后，思成在旅舍找到了一卷过期的报纸。打开报纸，惊得他一下从床上跳起，赫然在目的是触目惊心的大标题——“7月7日，日军猛烈进攻，我平郊据点失守！”

“七七事变”已经爆发一个多星期了，五台山中的他们却浑然不知。

他们当即决定，以最快的速度返回北平。

这时，平汉、津浦两条铁路已经不通车，他们徒步到阳明堡，然后出雁门关，过大同，走张家口，日夜兼程，回到了北平。

生命的秋季

林徽因在给友人的信里写道："从卢沟桥事变到现在，我们把中国所有的铁路都走了一遍……由天津到长沙，共计上下舟车十六次、进出旅馆十二次，为的是回到自己的后方。"

<一> 战火纷飞的日子

1937 年 7 月 29 日，北平沦陷。

朱启钤社长决定，鉴于时局原因暂时解散营造学社。他把学社的遗留工作和未来都托付给了梁思成。

思成、徽因决定尽快离开日本人占领的北平，向南方迁移。

离开北平前，他们忙着连日清点和整理学社的研究资料，这些资料包括历年来考察古建筑的测绘图稿、图片、底版、建筑模型等。除了便于携带的，他们将许多重要的资料存入天津租界英国银行的保险库，以免落入日本人之手。

临离开北平前，夫妇二人一同去协和医院做了身体检查。医生警告他们说：徽因的肺部有空洞，任何一次感冒或别的原因导致肺部感染将会引起严重的后果，而思成则被诊断为患有脊椎软组织硬化症。医生特意为他设计了一款穿在身上支撑脊椎的铁架子，思成对徽因开玩笑说："刚开始抗战，就穿上防弹背

① 抗战初期日寇轰炸后的长沙

②③ 流亡途中

④ 抗战初期逃难的人们

⑤⑥ 流亡途中的山路

心了。”

就这样，他们拖着病痛的身躯，带着一双年幼的儿女和小脚的徽因娘，携着两只皮箱、两个铺盖卷等简单行李，一家五口开始了战时艰难漫长的迁徙。

他们从北平乘火车到天津，从天津新港乘船到烟台，然后转车走潍坊、青岛，再乘火车去济南、郑州，最后才到了长沙。

林徽因在给友人的信里写道：“从卢沟桥事变到现在，我们把中国所有的铁路都走了一遍……由天津到长沙，共计上下舟车十六次、进出旅馆十二次，为的是回到自己的后方。”

当时，教育部决定在长沙将清华、北大的师生组成战时的临时大学。

梁思成、林徽因和老朋友金岳霖、张奚若、陈岱孙等许多人都先后到了长沙。

国难当头，教授们草草安下了家。虽然生活很不容易，但全国民众抗日爱国热情高涨，使他们看到了中国的希望。这些平素斯斯文文的教授，个个也满怀激情地期盼着能早日为国家效力。

徽因一家人在长沙火车站附近租到一处民房，住了下来。房子紧挨着火车站，日夜不停地进站、出站的火车好像随时会穿墙破壁而来。但是，只要和朋友们在一起，彼此离得还不算远，他们就感到踏实而安心。

朋友们仍然常常在梁家聚会。这时，他们总是把地图在饭桌上摊开，几个人凑在地图前，分析着近来的战报，评判着以后的政局。他们为津浦线的战事担忧，为晋北的形势着急。

思成、徽因两个月前刚从那里考察回来，对那些地方更有特殊的感情。他们一一指点着那些地方，大营、繁峙、代县、雁门、宁武、阳明堡……好像在抚摩着他们走过的那片黄土地。

抗战爆发，改变了无数中国人的生活，也改变了林徽因的生活。

在此前的岁月，林徽因其实一直没有很具体地做那些家务粗活。她小时候是林家的小姐，婚后是梁家的太太，诸如洗衣、做饭、买菜、扫除之类的杂务一直都由女佣来做。自从离开北平后，她就承担起了所有的家务——侍奉母亲、照料孩子、洒扫料理、买菜洗衣……战时的他们，生活和所有的平民百姓毫无二致。

林徽因在给费慰梅的信中写道：

每天晚上我们就去找那些旧日的“星期六朋友”，到处串门，想在那些妻儿也来此共赴“国难”人家中寻求一点家庭温暖。在空袭之前我们仍然常常聚餐，不在饭馆，而是在一个小炉子上欣赏我们自己的手艺，在那三间小屋里我们实际上什么都做，而过去那是要占用整整一栋北总布胡同 3 号的。我们交换着许多怀旧的笑声和叹息。

在频繁的空袭中，他们差点全家殒命。

那次，日军空袭长沙，他们租住的房屋中弹。徽因和思成一人抱起一个孩子、挽着母亲冲了出来，在轰炸的声浪中全家人险些被弹片击中。

他们从废墟中扒出衣物家当，找到朋友家去借宿。

张奚若为思成一家腾出一间住房，自己一家五口挤住在另一间屋子。

◇ 抗战时期的林徽因

朋友的情谊让他们感到温暖，他们坚信，眼下的苦难是暂时的，他们愿意和自己的国家一起承担苦难。正如林徽因给费慰梅的信中所写："……为这可爱的老国家带着血活着、流着血或不流血地死去，都觉得荣耀。"

这是他们的操守，也是支撑他们坦然面对苦难的信念。

……这是妈妈和爹爹从东北回到北平后又一次失去自己的家。从北平到昆明是一次前后长达三个多月的长途跋涉，分为两个阶段：先从天津到长沙；在长沙停留约两个月后，再从长沙到昆明。

我们是坐一艘海轮从天津到青岛的，到青岛后坐火车经济南、徐州、郑州到汉口，过摆渡到武昌（那时没有长江大桥），再坐火车去长沙。记得在徐州倒车不是在车站，而是在铁轨旁边，周围有许多准备开往前线的中国士兵，我们看到他们非常兴奋。

这时，我已经是小学三年级的学生（8岁），爹爹和妈妈一路上教我看地图，认出我们走的路线，妈妈还教我记日记。

我们到长沙后住了大约两个月。在这里，我第一次感到我们全家的生活已经完全变了样。没有四合院和花草树木了，也没有自己单门独院的住所了。

爹爹和妈妈找到了火车站附近的一所两层楼房，在楼上租了两间屋子，他们俩和我们姐弟两人同住一间，另一间外婆住。楼下是房东，有一个又窄又潮湿的天井。没有厨师了，妈妈必须自己做饭、洗衣、打扫卫生、照顾孩子……对于不习惯也不熟悉家务劳动的妈妈来说，这当然是苦事。但使我感到意外的是，当时妈妈对此毫无怨言，不仅没有愁眉苦脸，对这种新的、比较艰苦的生活倒还很欢迎。她和爹爹立即开始学习干家务，并且颇以此为乐事和趣事，这一点给我留下的印象非常之深。

在长沙，另一件印象深刻的事就是首次经历日本飞机的轰炸。由于事先没有警报，日本轰炸机到了头顶上，爹爹还跑到阳台上去看，以为是中国飞机，直到炸弹落地爆炸起火才急忙跑回房间把我抱起来。妈妈也立即抱起小弟，搀扶着外婆往楼下跑。当时整个楼房震动，到处都是碎玻璃。在我们跑到楼梯拐角处时，又一批炸弹落下，就落在楼外离我们不远的地方。幸好这楼梯拐角起了保护作用，我们未受伤害，只是抱着孩子的妈妈在霎时间被震到了院子当中。我们跑到大街上以后，看到飞机再次俯冲。那时毫无战争经验，竟然不知道卧倒，全家人都站在那里，但这批炸弹竟然没有爆炸。

后来，妈妈和爹爹把外婆和我们姐弟送到了张奚若伯伯家（他们全家这时已同其他许多教授一起到了长沙，也租住了两间房，便将其中一间借给我家），自己便匆匆赶回原住处去收拾我们的衣物。

许多东西都是从土里挖出来的，直到许多年以后，我家的箱子中还发现过碎得像棉花似的玻璃碴儿。

……

——梁再冰《我的妈妈林徽因》

（文章见于《建筑师林徽因》，清华大学出版社 2004 年版）

抗战期间，林徽因在一篇散文里写道：

信仰坐在我们中间多少时候了？你我可曾觉察到，信仰给予我们的力量不也正是那坚忍韧性的倔强？我们都相信，我们只要都为它忠贞地活着或死去，我们的国家自会永远地向前迈进，由一个时代到又一个时代。我们在这生是如此艰难、死是这样容易的时候，彼此仍会微笑点头的缘故也就在这里吧？

……

当前的艰苦不是个别的，而是普遍的，充满整一个民族，整一个时代。我们今天叫作生活的，过后它便是历史。客观的无疑我们彼此所熟识的艰苦正在展开一个大时代。……让我们共同酸甜的笑纹，有力地、坚韧地横过历史。

——林徽因散文《彼此》

<二> 湘黔路上

随着日寇的进攻，长沙已成为战区。教育部决定将北大、清华、南开迁往昆明，组成西南联大。同时，思成的弟弟思永任职的中央研究院历史语言研究所也要迁往昆明。为营造学社的前途计划，思成、徽因决定前往昆明。

战时交通混乱，难民众多。他们老小五口从湖南经贵州再到云南，一路上历经危难。

◇ 西南联大铁皮顶教室

◇ 西南联大三常委（从左至右）：清华大学梅贻琦、北京大学蒋梦麟、南开大学张伯苓

每天清早，他们夫妇扛着行李、护着老人孩子和逃难的人群挤在一起，等车、挤车；到了晚上，他们再扛着行李，一家老小凄凄惶惶到处寻觅住处。

千难万难地行至湘黔交界的小县——晃县，徽因病倒了，高烧 40 摄氏度连日不退。

困顿中，客居此地即将前往云南的几位空军学员为他们腾出一间客房，重病中的徽因才不至于露宿街头。

这几位年轻的空军学员也来到了昆明，徽因、思成作为家长参加他们的毕业典礼，待他们如同自己的弟弟。后来，他们在与日军的空战中全部壮烈牺牲。

从长沙到昆明，是一段苦难的行程，很多年以后，他们的女儿梁再冰在回忆文章里有着清晰的记述。当时她8岁，弟弟梁从诫5岁。而林徽因这年33岁，梁思成36岁。

……

大约在1937年11月下旬，我们就离开了长沙，前往目的地昆明。当时没有朋友同行，只有张奚若和金岳霖伯伯曾为我们送行。

从长沙经贵阳到昆明的旅程是我们这次长途跋涉中最艰苦的一段，因为当时是坐破旧的长途公共汽车走山路。湘黔一带都是高山峻岭，汽车盘旋而上，颠簸很厉害，外婆、我和弟弟都晕车。特别是外婆，上车就吐，如患重病。晚上车停在小县城路边，下车后旅客纷纷去抢旅馆。这时，爹爹和妈妈就飞奔着去找住宿的地方，让我和弟弟扶着外婆坐在行李卷上看守我们的行李。到了旅馆里床铺不够，就把我们自带的“行军床”支起来（那时的行军床是用木头和帆布做的，比较笨重），第二天早上再收起来。

在这次旅途中，印象最深的是爹爹和妈妈在这种紧张困难的旅行中应付自如，十分“专业”。譬如打行李，两人合作，动作敏捷熟练，很快就能把一大包被褥枕头打成一个结实的铺盖卷，用油布包裹着；

①
②③

①② 抗战初期在云南

③ 初到云南

到小饭馆吃饭时准备好一小铁盒酒精棉，将碗筷消毒后再吃。这显然是过去他们到农村考察古建筑时“练”出来的本事。

……

在从长沙到昆明的途中，很不幸的是妈妈在湖南和贵州交界处的晃县（现为新晃侗族自治县）得了肺炎。那时还没有抗生素类药物，肺炎是很难治的病症。幸好同车人中有一位曾在日本行医的女医生兼通中西医药，她为妈妈听诊后开了中药方，妈妈服用后缓慢退烧，两周后烧才退尽。

……妈妈退烧后的次日我们就上路了。我们半夜就上车等候启程，妈妈抱着弟弟坐在车的前排，一坐就是一天。没想到这车竟在傍晚时在荒山野岭中抛锚了，最后发现汽油已用尽。但附近既无村，又无店，路过的农民都说至少要再走五里才能见到村落。到哪里去找住处呢？当夜色渐渐袭来时，乘客们都绝望了。这时已是1937年12月份，山中极冷，妈妈拉着我和小弟的手来回地走，想暖一暖冻僵的身子。后来一些乘客无意识地推着车往前走，走着走着路边竟出现了一个村庄，主人对这一车乘客还颇热情，打来热水给大家洗脚。于是，我们又过了一劫。

在晃县，我们还结交了几个后来全家都终生难忘的空军朋友。

在我们抵达晃县的当晚，爹爹和已经开始发烧的妈妈急于找到一间旅馆。但所有的旅馆都住满了，他们正在着急时，忽然听到有一间旅馆的楼上传出优美的小提琴声……原来，是一批广东小伙子住在这里，拉琴者是其中之一。听到广东话，爹爹就用家乡话同他们攀谈起来，才知道他们都是空军航校的学生，也是去昆明的。当他们得知我们全家老小无处安身时，立即表示可以挤出一间房间

◇ 梁思成、林徽因与友人在昆明（后排左起：周培源、陈意、陈岱孙、金岳霖）

给我们。于是，我们一家五口当晚就住进了这家旅馆。第二天一清早，他们就全走了。临别时，爹爹把我们到昆明后的住址告诉了他们。

我们到昆明后，每到周末或节假日，这些空军航校学生就结伴来我家做客。常来的有七八个人，妈妈总像对待自己的亲弟弟一样对待他们（他们都是航校第七期的学生，我三舅林恒是第十期的学生）。

后来，他们从航校毕业时，因为在昆明没有亲人，就请爹爹和妈妈在他们的毕业典礼上充当他们的“家长”。

他们毕业后，先后被分配到各地去担任空袭警戒任务，大多分到了四川。大约在 1939 年，那位拉小提琴的黄栋权在重庆上空被日机击落牺牲。妈妈为失去这个弟弟而非常伤心。但这个广东小伙子的牺牲只是开始，在此后的不到两年中，我们在晃县认识的七八个飞行员几乎全部阵亡了。

最后，只剩下一人——林耀。林耀曾在一次迎击日机对重庆的空袭时被击中左臂，重伤后跳伞降落在山区，被老百姓发现抬到医院时已经过了九天。因他左臂神经萎缩，伤愈后不能再飞战斗机，就暂时当了飞行教练。在此期间，他曾到李庄来访问过我们。像其他小伙子一样，他把妈妈看成大姐，妈妈也把他当成弟弟（此时我三舅已经牺牲）。后来林耀驻成都，同我家常有来往。他家原在香港，养伤时他家里给他带来的唱机和唱片后来全送给了病中的妈妈。经过刻苦锻炼，他使自己的手臂功能恢复到可以飞战斗机后就又投入了战斗。这个毅力坚强的空军飞行员最后在日军大举进攻湘桂的战役中，在衡阳上空献出了自己的生命。

妈妈和我们全家人后来从未忘记他和他的战友们。

……

——梁再冰《我的妈妈林徽因》

（文章见于《建筑师林徽因》，清华大学出版社 2004 年版）

< 三 > 安家龙泉镇

经过一个多月的长途跋涉，受尽磨难的徽因一家到了昆明。

一到昆明，梁思成就病倒了。因为他年轻时车祸导致脊椎受伤，长途跋涉使他的脊椎旧疾发作。背部肌肉痉挛，疼痛得彻夜难眠。医生诊断为扁桃腺化脓所致，就切除了扁桃体。可扁桃体手术后，又引发了牙周炎，满口牙齿疼得吃不下任何东西，甚至连水都不能喝，结果医生又拔掉了他满口的牙齿。疼痛使他不能在床上平卧，日夜只能半躺半坐。

这场战争，不知使多少中国家庭遭遇了灭顶之灾。

这场战争，也彻底摧毁了林徽因和梁思成的健康。

金岳霖、张奚若、周培源、陈岱孙、陈寅恪、赵元任、沈从文……朋友们先后来到了昆明。三所大学的教师和学生也从各地陆陆续续来到昆明。新组建的国立西南联合大学在昆明成立，流亡在边地的师生，焚膏继晷，弦歌不绝，薪火相传。

中央研究院的一些研究所也迁到了昆明，思成的弟弟思永一家随着历史语言研究所来到了昆明。

亲人、友人们又见面了。在流亡的日子里，这些曾经生活优渥的知识分子许多人只剩下了手提箱，有的只有身上穿着的一身西装或一件长袍。好不容易找到一间房子租住，也是真正的家徒四壁。

国难当头，他们觉得能够在西南边陲重新聚首，就足以彼此温暖、彼此慰藉。

林徽因在给友人的信中写道："……我喜欢听老金和（张）奚若笑，这在某种程度上帮助我忍受这场战争。这说明我们毕竟还是一类人……"

金岳霖在写给费正清的信中谈到林徽因："……仍然那么迷人、活泼、富于表情和光彩照人——我简直想不出更多的话来形容她。唯一的区别是她不再有机会滔滔不绝地讲话和笑，因为在国家目前的情况下，实在没有多少可以讲述和欢笑的。"

有了朋友，有了熟悉的人际环境，过去的时光仿佛又回来了，昆明的生活就有了几分美好。大家聚在一起聊天时，林徽因以她一贯的热情和诗意，赞美昆明耀眼的阳光和碧蓝的天空有些地方很像意大利。

梁思成没有那么多幻想，当他的身体恢复了一些，可以行动时，他就开始了重建营造学社的努力。他根据当时的实际情况，制订出新的工作计划，然后致函中美庚款基金会，咨询如果他在昆明恢复营造学社的工作能否得到基金会的补助和支持。

◇ 史语所所长傅斯年

不久，他收到了基金会董事周诒春的回信，信中言及：仅梁思成一人还不能组成一个机构，如果能请到另一位骨干成员刘敦桢来一起工作，就可以承认营造学社的存在，也就可以考虑继续给予学社资金的补助和支持。

◇ 傅斯年书写的对联

思成立即给刘敦桢写信，请他来昆明共振营造学社。很快，刘敦桢从湖南老家回了信，同意携家赴昆明。接着，梁思成的学生莫宗江、陈明达、刘致平也先后来到了昆明。他们五人，加上徽因这个不拿薪酬的“编外社员”，就这样，营造学社又重新竖起了旗帜。

学社恢复后，最大的问题是缺乏工具书和图书资料。思成的弟弟思永在中央研究院历史语言研究所工作，他们那里有一个图书资料丰富的资料馆。史语所的所长是傅斯年，梁思成去和他商量，征得他的同意，营造学社的成员可以借阅史语所的图书资料。

◇ 梁、林昆明自建土屋俯瞰

◇ 林和女儿在昆明自建土屋前

从此，营造学社就随着史语所的搬迁而搬迁。

所有的困难在思成看来都算不了什么，只要能继续从事他热爱的古建筑研究，只要徽因和孩子们的身体健康，他就总是那么乐观、诙谐。

梁再冰在回忆文章中写道：

在昆明的三年是妈妈抗战时期生活中比较愉快的三年。

昆明地处高原，空气比较稀薄，因而对有肺病的妈妈不太有利。但妈妈非常喜欢这个美丽的城市，她爱这里的蓝天、白云、灿烂的阳光、繁茂的林木、如茵的草地、多彩的鲜花，这一切常常使她兴奋得不能自已。每当看到秀丽的翠湖、浩瀚的滇池和苍翠如画的西山，她更是如痴如醉，暂时忘记了自己生活中的种种烦恼。

但是，就是在昆明，她开始感受到了抗战生活的艰难和沉重。在我们刚到昆明后不久，爹爹就因脊椎骨关节硬化症复发病倒了，在半年多的时间里背痛不止。……妈妈此时的身体还能勉强支撑，她尽全力维持着这个五口之家的正常生活。

①|②
③

① 在云南

② 金岳霖在梁家院子里喂鸡（俯身者为金岳霖）

③ 林徽因（中）、梁思成（右一）和弟弟林恒（右二）在一起

物价的不断上涨是一个现实灾难，妈妈每次去买米买菜都会感到口袋里的钞票更不值钱了，而且通货膨胀来得相当猛烈和无情，日甚一日，使人难以应对……

昆明城里，日机天天轰炸。

梁再冰记得：“有一次炸弹落下时，我们大家都仰面躺在树下，感觉十分恐怖。后来，又回到房中趴在床下……”为了躲警报，人们纷纷向郊外迁移。

郊外的龙泉镇附近的麦地村，位于昆明东北10公里处，村子四周全是庄稼和树木。为了躲避轰炸，1939年的秋天，清华大学文科研究所、中央研究院史语所等学术团体搬到了这里，营造学社也搬到了这里。

梁再冰回忆道：

我们在麦地村住在一个尼姑庵中。庵中供着菩萨的大殿就是营造学社的画图室，其侧室是刘致平先生的卧室。我们一家住在同这个大殿成直角的一间半房中，妈妈带着我和弟弟住比较大的一间，另外半间（约6—7平方米）被一分为二，后半部是外婆的卧室，前半部就是全家活动所在的起居室（刘伯伯、伯母和刘叙杰、叙仪、叙彤三兄妹住在另一个院子的正房中）。

麦地村房子的条件很差。地上无砖也无地板，撒了一些生石灰防潮，窗子很小，所以通过屋顶的一块玻璃“亮瓦”采光。尽管如此，妈妈在这里把我们的生活安排得有声有色。她把半间起居室和外婆的卧室装修了一下，铺了粗木地板，做了一个比较“正规”的门代替原来的木板加铁扣的门。将窗台从高处下降到很低，装上了玻璃，并在靠窗的墙上部做了一个简单的小书架，在下面的木凳上铺上了一些饰布，使这间可爱的小小起居室立即“焕然一新”。在这间可爱的小小起居室里，妈妈在煤油灯下为我们讲解《庄子》中的《解牛篇》和《唐雎不辱使命》等《战国策》篇章的情景至今历历在目。

……

林徽因一家在麦地村仅仅住了半年多时间，就又搬家了。

短短两年多时间，他们已经搬了四次家。这样搬来搬去的，总也没有安定感。于是，他们决定和其他学者一样准备在乡下长期抗战，就地建一处简易的住房。

1939 年，徽因和思成在龙头村盖了三间土坯房。为此，他们花光了积蓄并借了债，这是两位建筑师一生中为自己设计建造的唯一一所房子。

土坯墙刷了石灰，青瓦覆着房顶，窗户是菱形的木格窗。房前有一个小院，院子里种着尤加利树和花草。一切简单明快而雅洁。

昆明气候温暖，户外的野地里鲜花四季开放。徽因每天都会采回大捧野花，插在家里的土陶罐子里。这个新家温馨而明媚。

孩子们喜欢这里，徽因、思成领着他们在院子里种了玉米、扁豆和西红柿。

老金也喜欢这里。他在梁家的屋子旁加盖了一间“耳房”，联大没课时他就住在这里。为了给徽因一家老小增加营养，他还在院子里养了几只鸡。

生活就绪后，梁思成和营造学社的成员就开始了对西南地区古建筑的考察。

1939年秋，梁思成与营造学社的同事从昆明入川，沿着岷、嘉陵和川陕公路，考察了三十多个县，调查古建筑、崖墓、摩崖石刻、汉阙等长达半年。梁思成、陈明达沿嘉陵江南下，刘敦桢、莫宗江渡岷江北行。

自古以来人们叹道："蜀道难，难于上青天。"当时的四川，大部分县城都不通车，他们的考察全靠步行或乘坐竹筏、滑竿。

置身于西南古文化的广阔世界中，他们兴奋地发现，四川的文化遗存相当丰富。他们考察了四川近四十个县的古建筑，看到了大量的汉阙、崖墓、摩崖石刻。

四川境内所存汉阙占全国总数的四分之三，而那些摩崖石刻则几乎每个县都有。最著名的如乐山大佛，规模和形制堪称世界之最。其中的汉阙、崖墓和摩崖石刻居全国之冠。

汉阙是汉代建于宫殿、寺庙、陵墓门侧的一种建筑，原有木构和石砌两种类型，现存的只剩石阙。石阙形状如碑而略厚，上覆以檐，檐下常有刻作斗拱、枋额的装饰，有的还有铭文、图像。

从汉阙入手，梁思成分析研究了汉代的建筑风格。他对汉阙及汉代建筑的研究，为他日后设计新中国的人民英雄纪念碑的碑体造型提供了借鉴和参考。

思成外出考察期间，徽因打理着营造学社的事务，操持着一家老小的家务。

＜四＞ 漫长的迁徙

相对平静的日子并没有持续多长时间。1939年9月，日军占领了越南北部，昆明面临着日军从越南长驱直入的突袭。于是，中央研究院史语所、社会所、中央博物院等单位决定：为了保护大批的善本书和各种文物，立即从云南迁往四川宜宾南溪。营造学社也只得随着史语所一道迁徙。

梁思成在给费正清的信里写道：

“这次迁移使我们非常沮丧，它意味着我们将要和我们已有了十年以上交情的一群朋友分离。我们将要去一个除了中央研究院的研究所以外、远离任何其他机关、远离任何大城市的一个全然陌生的地方。大学将留在昆明，老金、端升、奚若和别的人也将如此。不管我们逃到哪里，我们都将每月用好多天、每天用好多小时，打断日常生活、工作、进餐和睡眠去跑警报……”

◇ 中央研究院史语所所长傅斯年

1940年12月，营造学社随着中央研究院史语所再次搬迁。

这次迁徙的地点是四川南溪县李庄，从那里乘船到重庆要走三天水路。

同时迁往李庄的还

有同济大学等高等院校及其他研究机构。

出发的日程和车辆已经确定，家里的行李也都全部捆扎装车，思成却在这时病倒了。无奈之下，徽因只得独自带着两个孩子和母亲上路，再一次踏上长途迁徙的旅程，只留下思成在昆明治病。

一辆带篷的大卡车，拉着妇孺老小 30 多人翻山越岭。

那是 1940 年的 11 月 29 日，天上飘着雪花。车上共有 30 多人，年龄从 70 岁的老人一直到襁褓中的婴儿都在其中。营造学社同车的除了徽因一家，还有刘敦桢一家。大家在敞篷卡车上，坐在行李卷上，路不平、车颠簸，车上的人五脏六腑都差点吐出来，大家你搀我扶，彼此帮助。

当时的卡车汽油配给很少，有的用酒精做燃料，甚至还有烧木炭的，启动不易，速度缓慢，途中常抛锚。当时有人编了歌谣："一去二三里，抛锚四五回，下车六七次，八九十人推。"

梁再冰当年 11 岁，徽因要求她每天都要写日记。这本日记历经几十年的时间居然保存了下来，其中记录下了他们旅途中的片段情景：

"29 日离开昆明，因为晕车，倒在妈妈手上睡觉。有很多人都吐了……后来困极就睡着了，醒来已到曲靖，在松花江旅馆住下。"

"11 月 30 日，我们从曲靖出发，当晚到达宣威……小弟（从诫）发烧至 39 摄氏度多。半夜在床上听见小弟说胡话。"

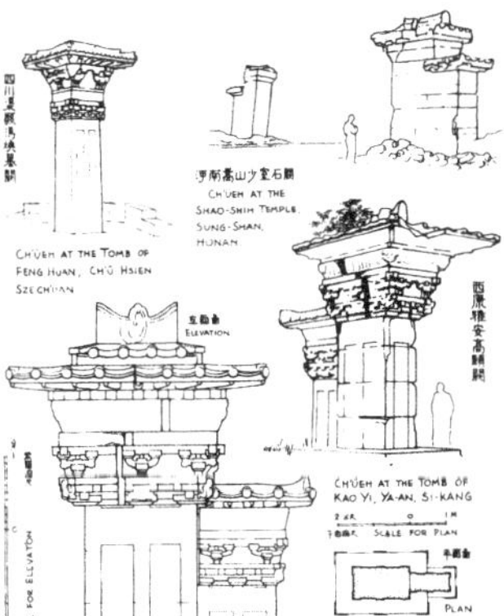

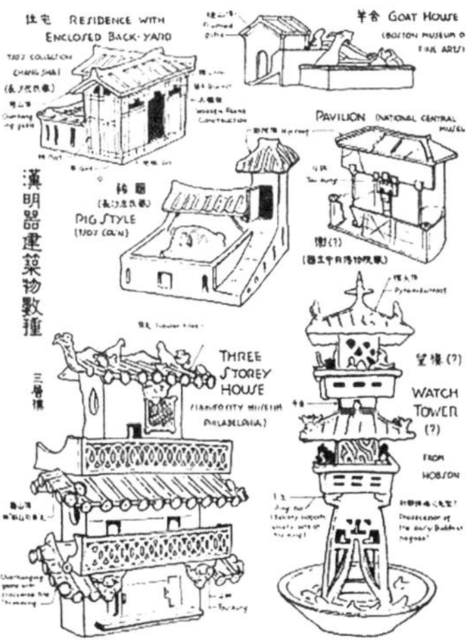

①② 梁思成考察汉石阙

③ 梁思成手绘汉石阙数种

④ 梁思成在云南考察绘图

①｜②

③｜④

① 抗战初期在云南

② 林徽因在云南

“12 月 2 日，继续坐车从宣威到威宁，住在‘官商客寓’，是个小店，很脏，老板抽鸦片烟。”

“12 月 3 日，我们从威宁到毕节，沿途人烟稀少。在临近毕节城时，竟看到背着狈的狼在离公路不远处奔跑。晚上有狼在离我们卡车（停在城门附近）不远处嗥叫……”

“在毕节，从诫继续发烧。妈妈带我到街上的中药店为他买了药。在回旅馆途中，妈妈看到了一个已改成学校的孔庙，外面有红墙，里面有很大的场地、大殿和石桥等。她对这座建筑物大感兴趣，一定要我同她一起进去看，还指点我看屋顶的结构，结果引来许多小学生围观。我很不高兴，执意要走，不肯进去。回到旅馆后妈妈训斥了我，对我说：‘外面到了一个地方如果要参观，一定要看看这地方的县政府、重要机关、学校、孔庙以及街道布置法、城墙的建筑法才对，不是单看铺子卖什么东西就算完事的。’那时，我觉得她是在‘对牛弹琴’。后来想到，那天如果爹爹也在，她一定会很高兴，他俩一定会说个没完。”

……

大约半个月后，林徽因一家和迁徙的人到了李庄。

<五> 在李庄

李庄是一个依山临水的山村，滔滔的嘉陵江水日夜从村边山脚下流过。这里到重庆要走三天的水路，因远离现代城市，也远离了战争。

从 1940 年到抗战胜利，林徽因一家在李庄生活了 5 年。

史语所在山上安顿下来，营造学社则在山下一座农家院落脚。学社的办公科研、住宿，思成、徽因的家，都在这处农舍里。房子的墙壁是篾条抹上泥巴，上覆瓦片。最大的一间房子是学社的工作间，里面摆了两排木板钉成的工作台和条凳，可做画图、写作之用。

这里几乎与世隔绝，和外部社会的联系全靠水上交通。生活比在昆明时更差。没有商店，没有医院，学社的这个院落就是他们的全部活动空间。

初到李庄，营造学社仍然没有固定的经费来源，梁思成须得定期向教育部等部门申请经费资助。1941 年以后，有关部门批准将学社的主要成员列入史语所及中央博物院筹备处的编制，梁思成兼任史语所的研究员。

来到李庄不久，林徽因就病倒了。

长期的劳累和严重营养不良，艰苦的生活，旅途的劳顿和四川连绵的阴雨，冬季潮湿、阴冷的气候，加之疾病得不到医治，使徽因的肺病恶性发作，卧床不起。这次病情来势汹汹，她高烧不退、咳喘不止，卧病不起。

从这年起，徽因长期卧床，再也没像正常人一样健康生活过。

这年，她才 36 岁。

四川气候潮湿，冬季常阴雨绵绵，夏季湿热。他们的生活一日不如一日。

两间陋室低矮、阴暗、潮湿，竹篾抹泥为墙，顶上席棚是蛇鼠出没的地方，床上常有成群结队、消灭不净的臭虫。没有自来水和电灯，煤油也很少能买到，夜间只能靠一两盏菜油灯照明。

躺在床上，林徽因烧得昏昏沉沉、不省人事。梁思成担当起了护士的角色。

林徽因一天天挣扎着，一点一点地退了烧。她消瘦得厉害，颧骨凸了出来，双颊陷了下去，苍白的面容毫无血色，那双晶莹的秀目失去了往日光彩。十分虚弱的她连床都下不了，每天只能靠在被子上坐一会儿。

在李庄，生活十分艰难。家里唯一能给林徽因养病用的是一张

①② 李庄老街

③ 李庄老屋

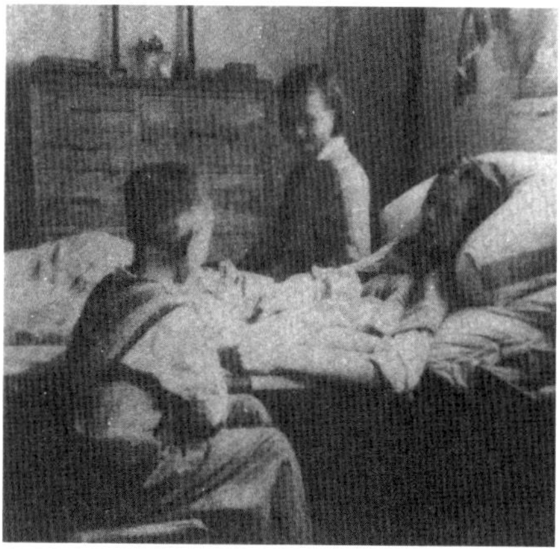
◇ 在李庄卧病时期与儿女在一起

摇摇晃晃的帆布行军床，连煤油灯都成了奢侈品。晚上，为了再冰和从诫姐弟做功课，全家才点一盏菜籽油灯。

梁从诫当时在村里读小学，他除了冬天能穿上外婆做的布鞋外，平时都只能穿草鞋。

偶尔，有朋友从重庆或昆明带来一小罐奶粉，这成了林徽因难得的高级营养品。梁思成把当地产的土制红糖蒸制加工后，当成果酱抹在馒头上，戏称之为“甘蔗酱”。实在没有钱的时候，思成会乘船到宜宾的典当行，典当家里所剩无几的衣物。他和徽因的手表、派克钢笔等稍微值点钱的物品，一件件地被“吃”掉了。每次离家去宜宾，梁思成总是苦涩地开着玩笑道：“把这只表‘红烧’了吧？”“还有这件衣服可以‘清炖’。”

李庄没有一所医院，没有一位正式医生，更没有任何治疗的药品。家里唯一的一支体温计被从诫不小心打碎了，徽因大半年就无法量体温。就这样，徽因的病情一天天沉重，家里人眼看着她一天天消瘦下去，眼窝深陷、病骨支离，成了一个憔悴、苍老、不停咳喘的病人。

徽因重病在身，失去了一向的美丽。

思成让徽因躺在行军床上，脸朝着院子。这是家里唯一的“软床”。这样，徽因躺着也能关照一些家里和学社的事情，出太阳时还能晒晒太阳。

思成学会了肌肉注射和静脉注射，充当起了徽因的医生和护士。

◇ 牺牲在对日空战中的林徽因弟弟林恒（右一）

这时期，思成的弟弟思永在史语所工作。他也病倒了，他得的是严重的肺心病。

与此同时，思成的脊椎软组织灰质化病情亦十分严重，可他必须勉力支撑。当他伏案绘图时，时常需用一个花瓶支撑着下巴，以减轻颈椎的疼痛。

灾难总是接踵而来。

1941 年，徽因的弟弟林恒在与日军作战的空战中牺牲。

思成瞒下了这一噩耗，只身到成都办理了林恒的后事。

<六> 苦难岁月里的光亮

在贫病交加、凄清痛苦的日子里，他们所钟爱的中国古代建筑

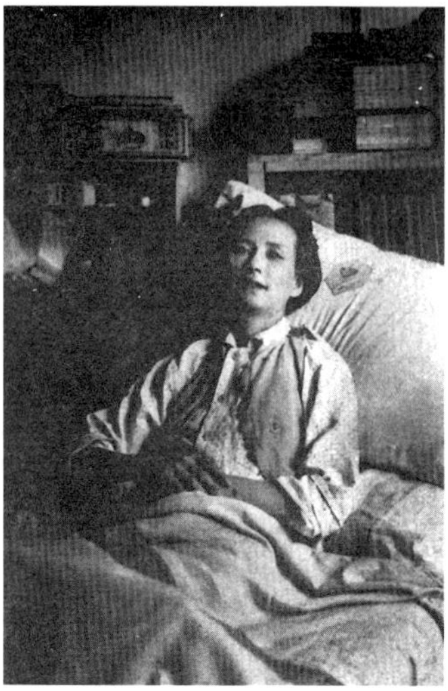

①|②

① 李庄

② 1941 年在李庄卧病

艺术、他们投入全部心血的建筑史学术研究，是照亮苦难生活的星辰。

抗战以来，他们辗转万里，私人物品所剩无几，唯有那些考察资料却无论何时都不离不弃地带在身边。

在李庄简陋的农舍里，思成、徽因和营造学社的同事们摊开了那些用性命保全下来的资料，开始系统总结多年的考察成果。他们开始撰写《中国建筑史》，同时绘制并用英文撰写《图像中国建筑史》。他们的著作需要绘制大量的插图和加以注释，这项任务由思成和莫宗江来完成。而徽因则靠在床上，为思成考证典籍、查找资料、翻译外国建筑学术论文，为《中国建筑史》的书稿进行修改、补充、润色。

……

很难向你描述也是你很难想象的：在菜油灯下做着孩子的布鞋，购买和烹调便宜的粗食，我们过着我们父辈在他们十几岁时过的生活，但又做着现代的工作。有时读着外国杂志、看着色彩缤纷的广告真像面对奇迹一样……我的薪水只够我家吃的，我迷人的病妻为我们能不动摇地干我们的工作而感到高兴。

——梁思成《给费正清、费慰梅的信》

梁思成把徽因称为“我迷人的病妻”。尽管徽因卧床不起、生活艰辛，但他对微因的爱溢于言表，刻骨铭心。

林徽因在写给费慰梅的信中谈到他们在李庄的工作、生活和他们的一双儿女：

再冰继承了思成的温和和我所具有的任何优点，她在学校里学习和交友成绩都非常出色。她容光焕发的笑容弥补了她承继自父母的缺少活力的另一方面。从诫现在已成长为一个晒得黧黑的乡村小伙子，脚上穿着草鞋。在和粗俗的本地同学打交道时口操地道的四川话，但他在家里倒是一个十足的小绅士，非常关心我的健康，专心致志地制作各种小玩意儿。

我在继续扮演身怀绝招的“杂耍演员”，使得全家和一些亲戚和同事多多少少受到一点好的照顾。我必须为思成和两个孩子不断地缝补那些几乎补不了的小衣和袜子，当我们简直就忙不过来的时候，连小弟在星期天下午也得参加缝补。这比写整整一章关于宋、

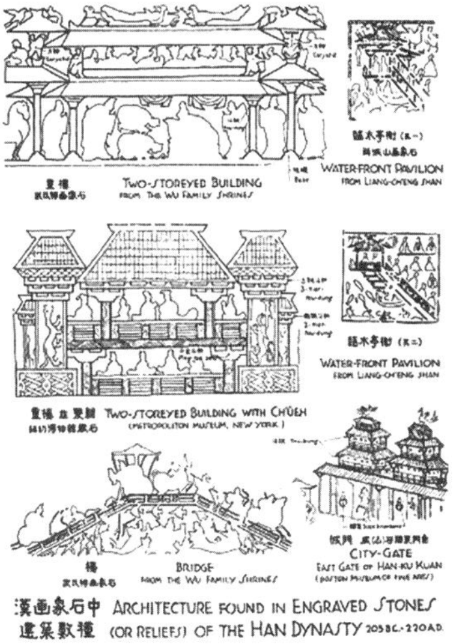

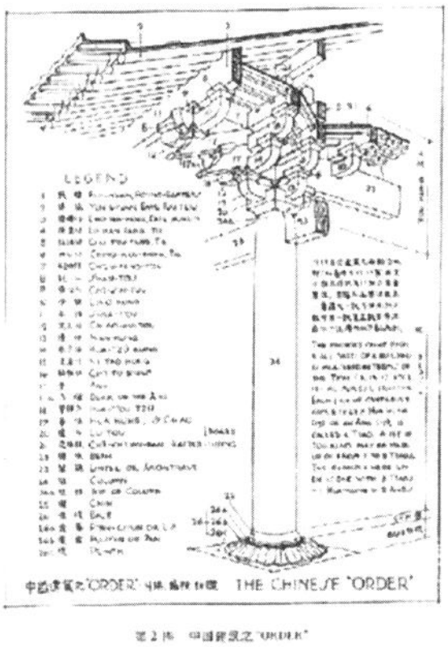

① 汉代建筑图

② 营造学社考察古建筑图

③ 梁思成在李庄工作室

④ 梁思成《中国建筑史》绘图之一

辽、清的建筑发展或者试图描绘宋朝首都还要费劲得多。这两件事我曾在思成忙着其他部分写作的时候，高兴地和自愿地替他干过。宝宝的成绩还是很好，但她要走这么长的泥路去上学可真是难为她了，而且她中午老是吃不饱。

当徽因精神好一些的时候，她会给孩子们读罗曼·罗兰的《米开朗琪罗传》和《贝多芬传》。她读的是英文版，借此也可以教孩子们学习英文。她常常是读一章，讲一章。她特别详细地给孩子们讲述，米开朗琪罗为西斯廷大教堂的穹顶作画时的艰辛。她和思成在新婚后的欧洲行中去过西斯廷教堂，当她讲述这一切时，那铺满西斯廷教堂穹顶的《创世纪》天顶画仿佛历历浮现在眼前。

读《贝多芬传》时，她对贝多芬耳聋致残后身体和精神的痛苦感同身受："……当我旁边的人听到远处的笛声而我听不到时，或他听见牧童的歌唱而我一无所闻时，真是何等的屈辱……是艺术，就只是艺术留住了我。在我尚未把我的使命完成之前，我觉得我不能离开这个世界。这样我才挨延着这种悲惨的——实在是悲惨的生活。这个如此虚弱的身体，些少变化就会使健康变为疾病的身体……"

在孩子们的记忆中，病中的徽因喜欢让女儿和儿子坐在床前，她给他们背诵和讲解古诗词。她讲杜甫的"可怜小儿女，未解忆长安"，讲陆游的"王师北定中原日，家祭无忘告乃翁"，讲辛弃疾的"何处望神州，满眼风光北固楼。千古兴亡多少事，悠悠，不尽长江滚滚流"……

而全家最喜欢的是杜甫的七律《闻官军收河南河北》："剑外

忽传收蓟北，初闻涕泪满衣裳……”这首诗无论谁起个头，大家都会一起接着背下去：“……白日放歌须纵酒，青春作伴好还乡。即从巴峡穿巫峡，便下襄阳向洛阳。”

背诵着这样的诗句，他们期待着这样的日子早日到来。这是他们苦难岁月的光亮，是他们在流亡他乡时从来不曾泯灭的希望。

＜七＞《中国建筑史》初稿完成

金岳霖说：“离开了梁家，我就像没魂一样。”

他在西南联大讲授哲学，有一年教授轮休在李庄度过。他住在梁家，正在写他的哲学著作《知识论》。这部著作耗费了他多年精力。

可就在他基本完成《知识论》写作的时候，一次在昆明跑警报、躲空袭，他提着一捆手稿跑到了郊外。极度的疲劳困乏，使他在警报解除后忘记了坐在身下的手稿。等他再拐回去寻找时，哪里还有手稿的半点踪影。几十万字的学术著作，也许被庄户人家捡去做了引火纸。怎么办？他只有从头写起。

哲学家金岳霖以他一贯的幽默大度和清晰的逻辑思维看待生活，他说：“在这困难的年月里，重要的是要想一想自己拥有的东西……人们将会觉得自己已很富有。同时，人们一定要尽可能不去想那些必须购买的东西。”

在偏远的西南乡村，在贫瘠的物质环境中，金岳霖的哲学研究在继续，史语所的历史语言研究在继续，营造学社的中国古建筑研究也在继续。

◇ 20 世纪 40 年代的金岳霖

梁思成、林徽因还领着学社成员恢复了因抗战停办的《中国营造学社汇刊》。李庄没有印刷厂，纸张缺乏，他们不仅自己写文章，连同绘图、编排、印刷、装订，全都是自己完成。纸是土纸，写在药纸上，然后自己石印。莫宗江绘制了平面、立体、剖面的墨线图，描出的建筑图式堪与照片相比。整本刊物从折页子、摞齐、钉孔、穿绳到裱装封面，最忙碌的时候连徽因的母亲和小孩子也都参与了劳动。

◇ 晚年金岳霖

他们在李庄先后共编印了两期《中国营造学社汇刊》，刊发了学社成员在抗战期间的研究成果。梁思成的《中国建筑史》中有关四川、云南的内容多取材于此。其中，还有林徽因关于现代住宅设计的文章，那是她和思成为战后的国家恢复建设在默默地做着准备。

① 李约瑟博士著的《中国科学技术史》

② 抗战时期的李约瑟

③ 晚年的李约瑟博士

1942年8月，费正清被任命为美国驻中国大使馆的特别助理。他和妻子费慰梅都希望能到李庄去看望他们的老朋友。

梁思成和林徽因热切地期待着他们的到来。

梁思成在给费正清的信中写道：“……从重庆坐一艘破轮船到李庄，上水要走三天，回程下水要走两天。没有任何办法可以缩短船行时间或改善运输手段。然而我还是要给你一张标出我们营造学社位置的地图，以备你万一在李庄登岸而又没人去码头接你时之用。船是不按班期运行的，每一次到达在这里都是突发事件，但你仍然可以用电报通知我们你搭乘的船名和日期。电报是从宜宾或南溪用信函寄来，两地离此都是60里（约20英里），它可能在你来到之前或之后到达……”

费正清在1942年11月初由陶孟和陪同来到了李庄。在漫长的水路上，他感染了呼吸道疾病。在梁家住下后，他有好几天都躺在床上发烧。他和林徽因的病房只隔着一间厅堂，梁思成在两张“病床”之间拿着食物、药品、体温表等，走过来走过去，忙得不亦乐乎。

费正清这样记录了他当年亲眼看见的情景：

林徽因非常消瘦，但在我做客期间她还是显得生气勃勃。像以前一样，凡事都由她来管，别人还没想到的事她都先行想到了。每次进餐，都吃得很慢。餐后我们开始聊天，趣味盎然，兴致勃勃，徽因最为健谈。傍晚5时半便点起了蜡烛，或是类似植物油灯一类的灯具。这样，8点半就上床了。没有电话，仅有一架留声机和几张贝多芬、莫扎特的音乐唱片；有热水瓶而无咖啡；有几件毛衣但多半不合身；有床单但缺少洗涤用的肥皂；有钢笔、铅笔，但没有供书写的纸张；有报纸，但都是过时的。你在这里生活，其日常生活就像在墙壁上挖一个洞，拿到什么用什么。别的一无所想，结果便是过着一种听凭造化的生活。我逗留了一个星期，其中不少时间是由于严寒而躺在床上。

费正清夫妇还看到，梁家简陋的住室里到处是资料和文稿。在近乎原始的生存环境中，思成、徽因仍然坚持着学术研究。这一切深深打动了他们，在他们眼里，梁、林夫妇“具有任何情况下都像贵族那样的矜持和魅力”。

1943年6月，英国驻重庆大使馆的战时科学参赞李约瑟来到李庄。他是位英国生物化学家，娶了位祖籍中国的妻子，当时他正在为自己关于中国古代科技史的写作做着准备。

李约瑟博士在李庄，造访了史语所、中央博物院和营造学社。

病榻上的林徽因在写给费正清的信中，谈到了李约瑟在李庄的情形：

……

李约瑟教授来过这里，受过煎鸭子的款待，已离开。一开始人们喜欢彼此打赌，李教授在李庄逗留期间会不会笑一笑。我承认李庄不是一个特别使人兴奋的地方，但是作为一个中国早期科学的爱好者，又不辞辛劳在这样的战时来到中国，我们也有理由期待他会浅浅一笑。最后，这位著名的教授在梁先生和梁夫人（她在床上坐起来）的陪同下谈话时终于笑出了声。他说他很高兴，梁夫人说英语还带有爱尔兰口音。我从前真不知道英国人这么喜欢爱尔兰人。后来在他访问的最后一天下午，在国立博物院的院子里，当茶和小饼干端上来的时候，据说李教授甚至显得很活泼。这就是英国人爱好喝茶的证明……

抗战爆发前，梁思成、林徽因和营造学社的成员调查了中国

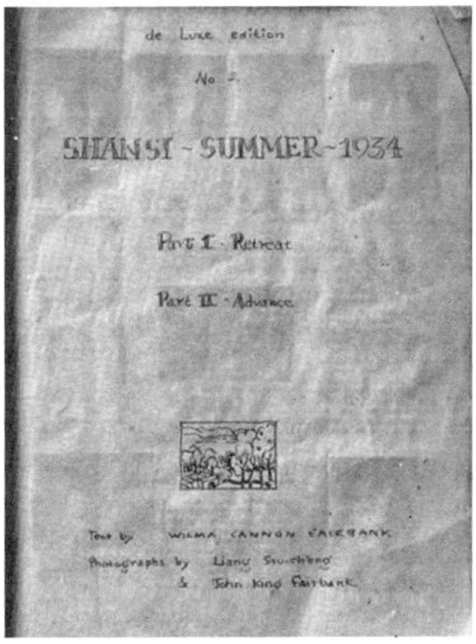

① | ② | ③
④ | ⑤

①②③ 梁思成著作

④ 河南登封嵩山嵩岳寺塔

⑤ 梁思成手稿

十几个省，近两百个县，测量、摄影、绘制了两千余处古建筑与文物，积累了大量资料，为中国建筑史的写作做了大量的前期准备工作。

抗战爆发，他们离开北平前把这些珍贵资料存在天津一家英国银行的地下保险库里。没想到，其间天津发大水，这些资料都被浸泡。当这一消息传到李庄时，梁思成、林徽因禁不住痛哭失声。好在北平的朱启钤先生出面请了懂得如何恢复文物的专人对这些资料进行了抢救性的修复，然后，这些修复后的资料被送到了李庄，使梁思成、林徽因他们的研究和写作能够继续。

对中国古代建筑的研究和写作给了林徽因、梁思成极大的安慰。尽管林徽因的肺病越来越严重，有时会咯血，而梁思成的脊椎软骨硬化病也使他痛苦不堪。

费慰梅回忆当时的梁、林："……思成的体重只有四十七公斤，每天和徽因工作到夜半，写作《中国建筑史》，他已透支过度。但他和往常一样精力充沛和雄心勃勃，并维持着在任何情况下都像贵族一样的高贵和斯文……"

金岳霖在李庄写给费正清的信中，也谈到梁思成和林徽因的工作："……他仍然和过去一样，在上班之前和之后溜溜达达，而上班时他的主要工作则又要写中国建筑简史又要管理研究所的财务……"

林徽因"是全身都浸泡在汉朝里了，不管提及任何事物，她都会立刻扯到那个遥远的朝代去，而靠她自己是永远回不来的……"

万里长江昼夜不停地奔流，山上的草木几度荣枯。梁思成和林徽因对中国建筑史的研究和写作，无论寒暑，坚忍地进行。

他们在国难当头之际，忍受着身体和精神的巨大痛苦，发奋著述，写作《中国建筑史》。正如林徽因说的：“如果我们到了连祖宗传留下来的家产都没有能力清理或保护的地步，乃至于让家里的至宝毁坏散失，或竟拿到旧货摊上变卖。这现象却又恰恰证明我们这些做子孙的没有出息，智力德行都到了不能再堕落的田地。”

◇ 晚年费正清

他们简陋的乡村住房里，书案上、病榻前堆积起厚厚的《二十四史》和数以千计的照片、实测草图、数据、大量的文字记录。

有时为了赶制绘图，梁思成不得不在夜间工作。菜油灯的光亮十分微弱，俯身绘图板的他时常要在下颌放一个小花瓶，以支持头部的重量，减轻脊椎的压力、颈椎的疼痛。

病中的林徽因就倚在床上工作。她承担了全部书稿的校阅，并执笔写了书中的五代、宋、辽、金部分。她介绍了宋、辽、金时代中国宫室建筑的特点和制式，以及宗教建筑艺术，中国塔的建筑风格，辽、金桥梁建设，乃至城市布局和民居考证。

1944 年，《中国建筑史》的初稿全部完成。梁思成在这部著作中把中国三千多年有记载的历史分成六个时代，对每一个时代的主要建筑遗存进行了清晰的介绍和论证。

他认为，建筑是文化的记录，建筑史并不是罗列和堆砌各时代的有关史料和建筑遗存，而应该注意各个时期的建筑思想、建筑特征及其演变、发展的条件和规律。通过对建筑史的研究，使我们的后人得以增进对自己国家建筑传统的继承和理解，以期谋求新的发展。

在这部著作中，他们还阐述了建筑是一个民族文化的体现。数千年的中华文明孕育出了中国古建筑。其主要结构自有史以来即以木结构为主，而其关键部位和精湛技艺，集中体现在斗拱的结构功能。斗拱在梁下可以增加梁的荷载力，在檐下可以使房檐出檐深远，这是中国明清以前建筑最优美的部分。

书中所有资料的来源都是他们数年来考察中国建筑获得的第一手材料。其中，仅塔这种建筑形式就列举了苏州虎丘塔、应县木塔等数百种，成为集中国塔之大成的一部专著。林徽因还分析了中国佛教殿宇的建筑艺术，对正定县文庙大成殿、山西榆次永寿寺雨花宫等殿宇的建成年代、廊柱风格、斗拱结构、转角铺作诸方面进行了论证与分析。这些都是开创性的工作。

这部著作完成之后，林徽因并没有署名。但所有学社成员深知，整部书都融入了林徽因的心血。书中的所有文字，都经过她的加工润色。书中许多地方见人所未见、发人所未发，从而使这部学术著作集科学家的谨严、史学家的清明、艺术家的诗情于一体。

《中国建筑史》的问世，结束了世界上原本没有中国人写的中国建筑史的缺憾，纠正了西方人对中国建筑艺术的偏见和无知。

这部著作完成后，限于李庄的条件，当时只是用钢板和蜡纸刻印了几十份。

应梁思成的请求，在重庆美国大使馆工作的费正清把营造学社绘制的古代建筑图纸拍成了微缩胶片。这是学社成员多年的心血和成果，微缩胶片在战乱中便于携带和保存。

令人遗憾的是，后来由于社会生活巨大的变化和不停的政治运动，直到林徽因和梁思成去世时，他们也未能看到这部凝聚着他们一生心血的著作正式出版发行。

在林徽因、梁思成去世多年后，《图像中国建筑史》出版了。这部图像丰富、精美的著作填补了中国古建筑文化的空白，受到了国内外建筑学界的一致赞誉。哈佛大学东方美术教授雷尔等专家对梁思成的历史贡献给予了高度的评价，说他“对中国文化的理解做出了最宝贵的贡献”，“使中国建筑在国际上闪耀着灿烂的光辉”。

在《图像中国建筑史》的前言中，梁思成写道：“我要感谢我的妻子、同事和旧日的同窗林徽因，20多年来，她在我们共同的事业中不懈地贡献着力量。……在大部分的实地调查中，她与我做伴，有过许多重要的发现，并对众多的建筑物进行实测和草绘。近来，她虽罹患重病，却仍葆其天赋的机敏与坚毅。在战争时期的艰难日子里，营造学社的学术精神和士气得以维持主要应归功于她。”

< 八 > 死亡通知单

1944 年，世界反法西斯战争出现了重大转折，中国抗日战争由战略防御转为战略进攻。

梁思成被任命为战区文物保护委员会副主任。

他组织营造学社同人，编制了一套沦陷区重要文物目录。目录中包括寺庙、塔、博物馆等，并一一标在军用地图上，以防止这些文物在作战时遭到破坏。

目录中英文对照并附有图片，发放给了当时执行轰炸日军军事目标的美国飞行员，供所有飞行员和军事指挥员轰炸日军占领区时使用。地图上清晰地标注出了各地古城、古镇和古代文物建筑的所在地点。这些图录中，还包括有日本的古城京都和奈良。

1945 年，美军飞机对日本本土进行了轰炸，可日本的古都京都、奈良在大轰炸中安然无恙。

多年以后，日本人民称梁思成是“古都的恩人”。梁思成超越国界保护人类文化遗产的行为被人们广为传颂。

抗战胜利了！

1945 年 8 月 14 日，日本天皇裕仁召开最高御前会议，决定接受《波茨坦公告》，向中、美、苏、英等盟国宣告无条件投降。

胜利的消息迅速传遍全国，也传到了重庆，重庆的大街小巷挤满了欢庆胜利的人群。

山呼海啸般的欢呼声响彻重庆的夜空：“日本投降了！日本投

◇ 庆祝抗战胜利

降了！抗战胜利了！”“中华民族万岁！”“胜利万岁！”欢呼声、口号声此起彼伏。

费正清在回忆文章中写到当时的情景：

……日本投降的消息在1945年8月15日晚上大约8点20分传到重庆。思成和两位年轻的中国作家同我一起，在美国大使馆食堂共进晚餐。吃完饭，我们就把藤椅搬到大使馆门廊前的小山顶上的平地去乘凉（那天晚上热极了），并且等着看长江对岸山上群灯亮起。

思成讲述着好久以前泰戈尔访问北平的事。忽然间他不讲了，他和其他人简直就像猎犬一样，一下子变得紧张而警觉。……我不得不尽力用耳谛听。这是远处的警报声。难道说又有空袭？这是荒谬的，然而他们每个人在多年的亲身经历之后都对各种可能性十分

① ②
③ ④

① 日本京都金阁寺

② 日本京都清水寺

③ 日本京都古建筑

④ 日本奈良唐招提寺

警惕。要不，这是在通告胜利？

……在我们脚底下，消息迅速传遍全城。在这高高的山坡上，我们差不多可以观察到整个进程。一开始是压抑的叽叽喳喳，或许就是一些人在大街上跑，然后就是个别的喊叫声，噼啪噼啪的鞭炮声，最后到处都是一群群喊叫、欢呼、鼓掌的人，好像全城都在一阵大吼叫中醒来了。

◇ 抗战时期的梁思成

……思成感到有点孤寂，一直等了8年，可是消息来到的时候他却不在家。我们全都下到大街上混在人群中。这种时候需要有点象征的东西：旗子、V形手势、伸大拇指、鞭炮声，焰火的红光和探照灯的白光在空中交织成带五个角的星星。满载欢庆人群的吉普、卡车和大客车形成自发的游行。当车辆在大街上相遇，车上的乘客们沿路就和对方握手同庆胜利。当思成最后回到中央研究院招待所的时候，他发现那里的学者们在高兴地笑啊，跳啊，喝着一瓶久藏的白酒庆祝胜利……

8月的李庄正是稻禾成熟的时节。当抗战胜利的消息传到这里时，久病卧床的林徽因也参加了李庄欢庆胜利的游行。

从他们居住的上坝地到李庄有两三里路。她没有走动的力气，是坐着滑竿去的。

梁思成得到胜利的消息后，在第一时间从重庆赶回李庄。和他同行去李庄的，还有林徽因的好友费慰梅。

费慰梅记下了当年近乎传奇的历程："……一位要好的美军飞行员答应用 C-47 运输机把思成和我送到宜宾，那里有距李庄最近的飞机场。在空中飞行十五分钟后，思成指着脚下转弯处一座有城墙的小镇说：'这就是上水行舟第一天最后到达的地方。'四十五分钟内，飞机就飞过李庄上空——坐船则要三天半。宜宾机场停机坪的草没膝深，但仍能使用。思成和我乘小汽船下行数英里到李庄……"

一乘滑竿把林徽因抬到江边码头一棵大黄葛树下的茶馆前，她眼含热泪，对庆祝游行的人们行注目礼。

在费慰梅的陪同下，时隔 5 年，林徽因第一次离开李庄来到重庆。

费慰梅请了一位美国胸外科专家为徽因看病。这位大夫为徽因做了检查，诊断结果是：林徽因的双侧肺部和一侧肾脏已被结核菌严重感染，她的生命最多只能维持 5 年时间。

这一切，费慰梅没有告诉林徽因。

她说："我没有告诉她，她也没有问。我想她全知道。"

这时期，美国有大学和博物馆邀请梁思成前去美国讲学，并应允思成可以带徽因一道赴美治病。费正清看到他们家贫病交加的处境，也曾劝他们去美国工作、治病。但徽因和思成都表示，我们的祖国正在受难，我们不能离开自己的国家。

梁思成后来曾动情地说道："我当然知道这个决定所付出的

代价，我不能不感谢徽因，她以伟大的自我牺牲来支持我。不！她并不是支持我，我认为这也是她的选择。如果我从李白、杜甫、岳飞、文天祥这些伟大的民族英雄那里继承了爱国主义思想，而徽因则除此之外，她比我更多地从拜伦、卢梭等伟大诗人、哲学家那里学习了反侵略、反压迫的精神。她对祖国的爱是怀着诗人般的浪漫主义色彩的。后来有朋友责备我，说我的选择使得徽因过早地去世了……”

尽管如此，无论是林徽因还是梁思成，他们从来没有为自己的选择后悔过。他们对祖国的爱，具体表现为对祖国文化的爱、对祖国建筑文化的爱，以及作为一个建筑师对祖国建筑文化自觉保护和传承的责任。

抗战后期，徽因的儿子梁从诫在重庆的南开中学读书。一次他陪伴在母亲身边，谈起前两年日军曾经攻占贵州独山直逼重庆时，问母亲：“如果日本人打下了四川，你和爸爸怎么办呢？”徽因沉吟片刻说：“中国念书人总还有一条后路，我们家门口不就是扬子江嘛！”

儿子没想到母亲会这样回答，禁不住追问：“我还在重庆上学，你们就不管我啦？”徽因紧紧握住儿子的手，仿佛道歉似的小声说：“真要到了那一步，恐怕就顾不上你了。”

母亲的话让儿子的眼泪夺眶而出，母亲平静的口吻传递出的凛然正气让他深感震动。

<九> 永远美丽的昆明

1946 年 2 月，徽因正在重庆看病，通往李庄的航道因为疏通治理而中断。昆明的朋友们邀请徽因，要她趁此时到云南养病。一来老朋友们都很想念她，二来她也可以暂时离开阴冷潮湿的重庆。

徽因启程到了昆明。到昆明后，她开始住在张奚若的家里，后来朋友们又帮她租了一处外面有花园的房子。

与久别友人相聚重逢的喜悦，使徽因忘记了身体的病痛和高海拔地区的不适。昆明温暖的气候和美丽的自然风光让她的心情和身体都得到了恢复，她在写给费慰梅的信中抒发着她心中的感受和诗情：

……

这次重逢带给我由衷的喜悦，甚至超过了我一个人在李庄时最大的奢望。我们用了 11 天才把在昆明和在李庄这种特殊境遇下大家生活中的各种琐碎的情况弄清楚，以便现在在我这里相聚的朋友的话能进行下去。但是那种使我们相互沟通的深切的爱和理解，却比所有的人所预想的都更快地重建起来。两天左右，我们就完全知道了每个人的感情和学术近况。我们自由地讨论着国家的政治形势、家庭经济、战争中沉浮的人物和团体，很容易理解彼此对那些事为什么会有那样的感觉和想法。即使谈话漫无边际，几个人之间也情投意合，充溢着相互信任的暖流，在这个多事之秋的突然相聚又使大家满怀感激和兴奋……

① 20 世纪 40 年代重回云南

② 回云南与友人在一起

③ 回云南养病时期

④ 抗战胜利后回云南

直到此时我才明白，当那些缺少旅行工具的唐宋时代的诗人在遭贬谪的路上，突然在什么小客栈或小船上或某处由和尚款待的庙里和朋友们不期而遇时的那种快乐，他们又会怎样地在长谈中推心置腹！

我们的时代也许和他们不同，可这次相聚却很相似。我们都老了，都有过贫病交加的经历，忍受了漫长的战争和音信的隔绝。我们远离故土，渴望回到我们曾经度过一生中最快乐时光的地方，就如同唐朝人思念长安、宋朝人思念汴京一样……我们遍体鳞伤，经过惨痛的煎熬，使我们身上出现了或好或坏或别的什么新品质。我们不仅体验了生活，也受到了艰辛生活的考验。我们的身体受到严重损伤，但我们信念如故……

……昆明永远那样美，不论是晴天还是下雨。

我窗外的景色在雷雨前后显得特别动人。在雨中，房间里有着一种难以言状的浪漫氛围——天空和大地突然一起暗了下来，一个人在一个外面有着寂静大花园的屋子里，这是一个人一生也忘不了的……

——林徽因《给费慰梅的信》

< 十 > 北归清华园

1946年7月，随着抗战时期栖身西南的各高校和研究机构的回迁，徽因、思成一家回到了北平。

清华大学原来没有建筑系，考虑到战后国家的重建急需建筑人才，校长梅贻琦先生同意梁思成的建议，在清华大学开办建筑系。

北返的清华大学从此有了自己的建筑系，梁思成出任清华大学建筑系主任。

清华建筑系从开办之后一直到如今，都是清华最好的专业院系，成为清华的骄傲。

从 1930 年到 1945 年，梁思成、林徽因与营造学社的同事们主要从事中国古代建筑艺术和中国建筑历史的考察研究。

在十几年的时间里，他们走过中国十五个省二百多个县，测量、摄影、分析、研究考察古建筑两千多处，基本厘清了中国建筑发展的脉络、体系及沿革。

当完成了《中国建筑史》的著述后，他们对中国古代建筑的研究已经告一段落。梁思成到清华大学建筑系任职，出任清华建筑系主任，标志着中国建筑的研究有了新的、更富生机的发展前景。

梁思成对清华大学有特殊的感情。从少年时代起，他和弟弟思永就在清华大学的前身——清华学堂学习了 8 年。当年，他的父亲梁启超正担任清华大学国学研究院的导师。如今，他回到清华创办建筑系，责任和压力都很大。

他为建筑系先后聘请了吴良镛、程应铨、汪国瑜、朱畅中、郑孝燮、胡允敬以及美术家李宗津、雕塑家高庄等教师，又带来了与他在营造学社共事多年的刘致平、莫宗江、罗哲文等成员。

◇ 20 世纪 40 年代的林徽因

◇ 20 世纪 40 年代末梁思成在美国

1946 年夏，清华大学建筑系招收第一届学生，共 15 人。

这一年，梁思成、林徽因的家搬进了清华园新林院 8 号。这里院落幽静、住房宽敞，老金和其他老朋友都住得很近。

《人生》是林徽因写于这一时期的一首诗。从中，我们可以读到她这时期相对平静的心绪：

> 人生，
> 你是一支曲子，
> 我是歌唱的；
> 你是河流
> 我是条船，一片小白帆
> 我是个行旅者的时候，
> 你，田野、山林、峰峦。

① ②
③ ④

① 清华新林院

② 清华园

③ 清华校长梅贻琦

④ 清华园

无论怎样，

颠倒密切中牵连着

你和我，

我永从你中间经过；

我生存，

你是我生存的河道，

理由同力量。

你的存在

则是我胸前心跳里

五色的绚彩

但我们彼此交错

并未彼此留难。

……

< 十一 > 运筹帷幄组建清华建筑系

1946 年年末，清华大学建筑系刚开办不久，梁思成就要作为联合国大厦设计顾问远赴美国；他还受教育部和清华大学委派，考察战后美国的建筑教育；同时，耶鲁大学邀请梁思成作为1946—1947学年的客座教授讲授中国建筑和艺术；普林斯顿大学邀请他参加“远东文化与社会国际研讨会”。作为营造学社的领头人，思成、徽因他们多年筚路蓝缕的研究引起了世界建筑学界的瞩目和重视，世界向他们张开了双臂。

◇ 水木清华

◇ 清华大学工字厅

事情繁杂，国内的工作和出国后的工作任务很重，尤其是刚刚组建的清华建筑系更是让思成放心不下。临出发前，梁思成交代系里的年轻教师，有事可与林徽因商量。

水木清华，亭台楼阁，花木葳蕤。最初，建筑系设在水利楼二楼上，只有几间空房子。梁思成去美国后，由年轻的吴良镛先生负责建筑系教学教务的具体事务。遇到事情时，他常常和林徽因商量，听取了林徽因的许多建议。很快，吴良镛请人在水利楼的那些空房间做了隔断，形成了若干个空间。于是，制图室、素描室、图书阅览室以及老师的办公室都一一安排妥当了。

多年以后，吴良镛先生在回忆文章中写道：

……

林徽因虽然经常卧病在床，却能运筹帷幄，是一位事业的筹划者、指挥者，能协助我们解决颇多的难题。例如，学校最初分配我住工字厅，与一位外文系的讲师合住。别人感到不方便，林先生知道了，说那好办，金岳霖先生在工字厅海棠西院有一间朝南房，有配套的家具，房子正空着，你去住好了。这样，我进清华，住房竟是教授待遇。

学生上素描课要有石膏，林先生让我去找美院李宗津先生，请一位讲师给翻制；到东单口永兴洋纸行去采购绘画用品；需要教学辅助人员，介绍我去颐和园找当时在那里监工的原营造学社纪玉堂先生来系工作……

一学期过去了，刘致平、莫宗江、罗哲文先生终于克服了交通的阻挠陆续到校，系里更热闹了。林先生利用营造学社有限的剩余“经费”，组织了一次对恭王府的测绘。对刘、莫来说，测绘自然是轻车熟路，而我则是第一次接受科班训练。林先生向我们做了一次“开题报告”，从和珅的为人、与乾隆的关系，到恭王府的奢华、这一组建筑的价值等……

林徽因的家成了建筑系师生的又一个办公室。青年教师喜欢到这里来研讨教学教务，年轻热情的学生喜欢来这里借书聊天，金岳霖等老朋友仍然喜欢在梁家茶聚。

在清华大学建筑系开办初期，没担任任何教职的林徽因自愿做了许多分外的工作。

当年曾受过林徽因教诲的清华建筑系学生茹竟华、王其明、李采在回忆文章中写道：

建筑系初创有许多事情要做,又因为交通等原因教师没有到全,此时林先生虽然经常卧在病床上，但是她指挥、筹划、协助办理诸如图书资料、教学用具、请老师等许多大大小小的事情，为建筑系的创办做出别人无法做到的贡献。虽然那时她是不在编的教师，只是一名休息养病的家属。

1947 年 4 月是清华复校后的第一次校庆，建筑系展出了学生设计作业和水彩素描等。林先生来了，见到这位仰慕已久的老师，大家真是高兴极了。她兴高采烈地观看、评论，我们只知道她身体不好，可根本没想到她已经没有力气从新林院的家走到教室，而是坐人力车到水利馆又由一位同学背上楼的。回到家里她又不知道要受多少折磨才能休息过来。结核菌不仅使她的肺布满空洞，而且侵入她的肾、肠，这一年她切除了左肾。

后来林先生在建筑系任教授、讲课。只要听说林先生要来，同学们不管是不是自己选的课，都会抽空到系里来，甚至老师也不例外。聆听她的高论，一睹她的风采，是我们这些学生们认为非常荣幸的事……

在林徽因先生心目中，建筑师不应该是一个只会做建筑设计从而把房子盖起来的专业工作者，而应该是一个具有多方面才艺的大文化主义者。她本身就实践着这样的信念，绘画、雕塑等造型艺术自不必言，而诗歌、散文、戏剧也同样触类旁通，甚至信手拈来达到精深的地步……

① 梁思成在美国讨论联合国大厦设计方案

② 梁思成在美国讲学

③ 梁思成在美国的工作照

与建筑系的教师和学生的交流，让病痛和劳累中的林徽因精神上十分欣慰。正如梁任公生前所说：“诲人是多么快活啊：自己手种一丛花卉，看着他发芽，看着他长叶，看着他含蕾，看着他开花，天天生态不同。多加一分培养功夫，便立刻有一分效验呈现，教学生正是这样。”

梁思成在美国作为联合国大厦设计顾问团的中国代表，他参与了工程方案的讨论，提出了自己的意见。

在美国讲学考察期间，他认真研究了现代建筑教育。他经过比较、选择与取舍，更坚定了自己的建筑思想。他认为，现代建筑教育的任务，不仅仅要培养建筑师，更要造就具有建筑美学思想、能够规划环境的人才。

关于建筑教育的育人理念，他和林徽因完全一致。

中国内战又起，许多朋友劝梁思成留在美国，然后从国内接来家人。但无论是他还是徽因，都只想留在自己的祖国。他人在美国，心里却时刻惦记着病中的徽因，惦记着刚成立不久的建筑系。

从美国考察归来的梁思成设计和构想着中国建筑教育的未来。清华大学建筑系改名为营建系，只因他希望培养出这样的建筑师：“知识要广博，要有哲学家的头脑、社会学家的眼光、工程师的精确与实践、心理学家的敏感、文学家的洞察力……但最本质的，他应当是一个有文化修养的综合艺术家。这就是我要培养的建筑师。”

1948 年，内战爆发，物价飞涨，商品奇缺。

林徽因住院，手术切除了一侧严重感染的肾。刚刚动过一次大手术，林徽因缺乏必需的营养品。无奈之下，思成常常要跑到百里

◇ 北归后和女儿游颐和园

之外的郊县去采购食品。运气好时，花高价能买到一只鸡；运气不好，就会空手而归。家里通常的食品是窝头、红薯、大白菜和萝卜。

林徽因在病床上给费慰梅的信中写道：

……中国是我的祖国，长期以来我看到它遭受这样那样的罹难，心如刀割。我也在同它一道受难，这些年来我忍受了深重的苦难。一个人一生经历了一场接一场的革命，一点也不轻松。正因为如此，每当我觉察有人把千百万人生死存亡的事等闲视之时，就无论如何也不能饶恕他——我很可能活不到和平的那一天了。（也可以说，我依稀间一直在盼着它的到来。）我在疾病的折磨中就这样焦躁烦闷地死去，真是太惨了……

……也许我们将很久不能见面——我们这里的事情将发生很大变化，虽然我们不知道是什么样的变化，是明年还是下个月。但只要年轻一代有有意义的事可做，过得好、有工作，其他也就无所谓了……

当林徽因给费慰梅写信时，她说“我们这里的事情将发生很大变化”。

很快，这个变化就到来了。

生命的冬季

晨光熹微，白露如霜，她辞世于一天最清新的时刻；草色遥着，乍暖还寒，她的生命定格于人间四月天。

< 一 > 保护北平城

1948 年 12 月，解放军层层包围了北平城，时间长达月余。古老的北平城，战云笼罩。

梁思成想起当年营造学社的创始人朱启钤先生曾说过，从历史上来看，历代建筑都难逃五百年一轮回的大劫难。尤其是中国传统的木结构建筑，根本经不起炮火的摧残。

因担心北平城的古建筑毁于炮火之中，思成常常站在家门口，倾听着远处传来零星的枪声。梁思成和林徽因寝食难安，忧心如焚。

一个寒冷的冬夜，两位解放军军人找到了清华园梁家。他们向梁思成、林徽因行着标准的军礼，自我介绍说："梁教授，我们受解放军攻城部队的委托来向先生请教，北平有哪些需要保护的文物建筑？请在这张地图上标示出来，以便解放军攻城时予以保护。"

梁思成和林徽因激动得顾不上多说什么，在两位军人带来的军事地图上一一做了标志。他们落笔时几乎无须思索，因为那是他们曾经一一考察测绘、视为生命般宝贵的文化遗存。

① 北平和平解放

② 北平和平解放，解放军从西直门入城

③ 清华大学庆祝北平解放的人群

④ 人们在路旁欢迎解放军入城

临走时，一位军人对他们说：“请你们放心，只要能保护文化古迹，我们就是流血牺牲也在所不惜。”

望着远去的军人背影，梁思成、林徽因心里涌动着无以名状的感慨和感动。他们由这些军人认识了这个政党，于是从心里认定，这样的军队、这样的政党值得信任。

1949 年 1 月，北平和平解放。

在解放全中国的隆隆炮声中，解放军代表又一次来到清华园，

① 新中国成立初期的梁、林夫妇

② 清华园

③ 林徽因和女儿梁再冰

听取梁思成关于保护全国各地文物的意见。

梁思成迅速组织人员，在最短的时间内编写出了《全国重要文物建筑简目》。

这本手册总共列出了全国各地四百五十多处需保护的文物建筑。每一条简目下，都附有该文物建筑的详细地点、文物性质、建造、重修年代及其价值意义。

林徽因对手册中的条目一一审核，并在扉页上特别提示：“本简目主要目的，在于供人民解放军作战及接管保护文物之用。”

全国解放后，这本册子经过修订成为《全国重点文物保护目录》，由国务院颁布，它成为此后全国各地文物、古建筑调查保护研究的依据。

在“旅游热”成为时尚的今天，当在全国各地旅游的人们看到那些镌刻着“国务院重点保护文物”的石碑时不知是否能想到，那是梁思成、林徽因等前辈以自己一生心血为代价保护下来的成果。

< 二 > 新纪元的开始

1949 年，一个新纪元的开始。

3 月，清华大学聘林徽因任建筑系一级教授，主讲“中国建筑史”，并为建筑系研究生开设“住宅概论”专题课。

5 月，梁思成被任命为北平市都市建设委员会副主任，林徽因被任命为委员会委员。

8 月，梁思成被任命为国旗、国徽评选审查委员会委员。林徽因和建筑系的 10 位教师，接受了设计中华人民共和国国徽的任务。

9 月，毛泽东在天安门广场进行人民英雄纪念碑奠基仪式。梁思成、林徽因被任命为人民英雄纪念碑建筑委员会委员。

此外，林徽因还是北京市第一届人大代表、全国第一次文代会代表……这些接踵而来的荣誉和任命出乎她的意料，但这一切不能不让她深受感动。在她热情浪漫的天性中，本来就有愿意为理想而献身的一面，而过去这热情只能在很小的圈子里挥洒。如今，新政权赋予她新的使命，使她从客厅里走了出来，从“梁思成太太”的称谓里走了出来，使她能够为社会的进步奉献自己。她作为独立的个体得到了郑重的承认和礼遇，“士为知己者死”，她怎能不竭尽全力、鞠躬尽瘁！

◇ 解放初期梁、林送女儿参军南下

就在这一年，徽因、思成的女儿梁再冰参加了解放军南下工作团，儿子梁从诫考入北京大学历史系。本来，徽因、思成并不想让女儿离校参军，他们希望女儿能够读完大学完成学业。这本是为人父母者的一片爱女深情，加之徽因身体状况很差，思成始终记得4年前那位美国医生的结论。可是，年轻人向往着火热的新生活，他们到底还是尊重了女儿的选择。

年轻姑娘头戴军帽、身穿军装，在清华园里和家人合影留念，和再冰一起参军的还有他们的老朋友张奚若的女儿张文英。

正是春天，清华园里满眼新绿、生机盎然，年轻人的笑脸纯洁而明净。

参军后的梁再冰在部队接到了父亲的信，梁思成在信中喜悦地告诉女儿，他参加了第一届政协会议，并参加了议定国旗、国歌、

①
② ③

① 梁思成与清华建筑系的学生

② 解放初期梁、林在清华园中

③ 20 世纪 50 年代的梁思成（右二）

① 清华学生在梁、林的家里

② 梁思成与清华学生

③ 1950 年林徽因与清华大学营建系全体师生的合影

④ 梁思成与学生

国徽的讨论。他在信中说："……关于国歌之选定，张（奚若）伯同我可以自夸有不小的功劳。那是我首先提出的，同时也有许多人有那意思……有人主张改歌词，我认为不必……我们虽然过了'最危险的时候'，已不是'做奴隶的人们'，但那是历史性的……于是我的主张得以胜利地通过。当晚散会之前，我们围着毛主席高声同唱第一次的'国歌'，兴奋无比。"

在这封信中，思成还告诉女儿说："我这几个礼拜来整天都在开会，在机构的组织和人事方面忙。四面八方去拉建筑师来北京……技术工作全由妈妈负责指挥总其成，把你妈妈忙得不可开交，我真是又心疼又不过意。但是工作一步步地逼迫着向前走，紧张兴奋热烈之极，同时当然也遭遇许多人事和技术的困难……妈妈瘦了许多，但精神极好。"

从梁思成写给女儿的信中可以看出新中国刚成立时他们夫妻那种欢欣鼓舞的心情。

<三> 照顾沈从文

过去的老朋友一如既往，同他们夫妇保持着亲密的关系。

只要有时间，他们仍然尽力保持着周末下午到梁家茶聚的习惯。

吴良镛先生在回忆文章中写道：

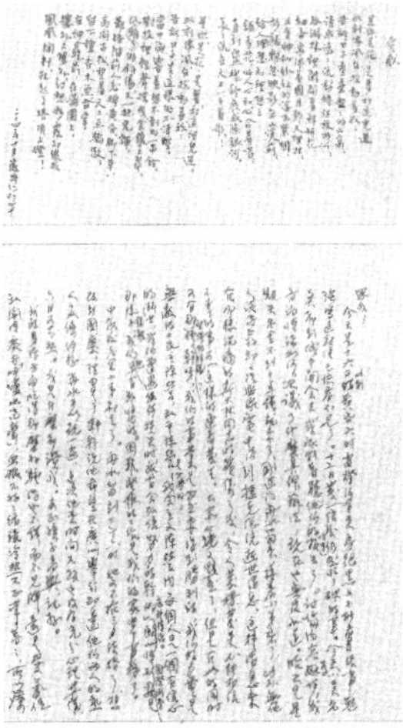

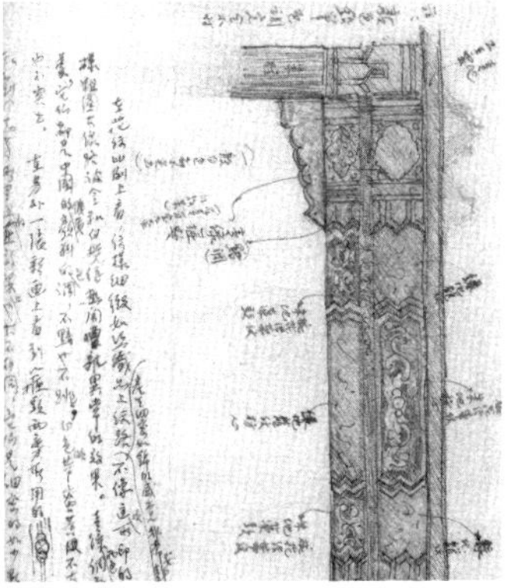

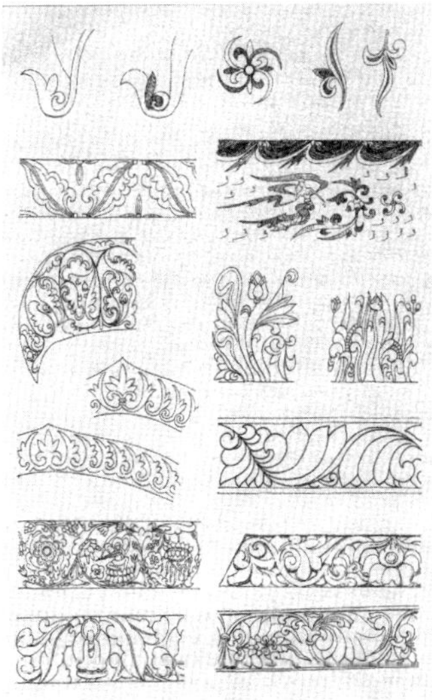

① ③
② ④

① 林徽因的诗稿及给梁思成的信

② 林徽因的水彩画

③ 林徽因的绘图手稿

④ 林徽因手绘建筑物的图案

◇ 沈从文与张兆和

◇ 晚年的沈从文、张兆和

……最值得一提的，就是梁家的“午后茶聚”（afternoon tea）。每天中午以后，大概三四点钟，梁家都要准备饼干、花生米之类的茶点。客人是变动的，高兴就来，有事就走，金岳霖、张奚若、陈岱孙先生常是座上客。主持人无疑是林徽因，从政治、社会、美学、文学无所不谈，实际上这是无组织的俱乐部、无主题的学术交流会。即使批评一件事物似乎都带有学术性，谈吐也有个人风格，如金岳霖先生有哲学意味的归纳、张奚若的政治议论。他们都爱绘画，邓以蛰教授（清代著名书法家邓石如之孙、美学家、“两弹元勋”邓稼先之父）有时拿来几幅画供大家欣赏，记得有一次拿来的是倪瓒的《树》和金冬心的《梅》等。茶聚免不了要谈一些政治，总是说来很超然，有魏晋清流的味道……“午后茶聚”是当时教授们共同的需要，对林先生更是绝对重要的，她爱发表己见，躺在病榻上的她可以从这个茶聚中得知“窗子以外”的社会、文化、政治，找到她感兴趣的命题，当然包括与她生命相连的建筑与文化艺术。总之，她从来未停止学术的思维……

林徽因被推举为全国第一次文代会代表。可是，在全国第一次文代会上，她的朋友、小说家沈从文在大会上被点名批判。很快，沈从文又被北京大学解职。

◇ 清华时期的金岳霖

突如其来的打击使沈从文陷入极度的精神痛苦中，他整夜整夜地不能入睡，眼前出现幻象、耳朵出现重听。他曾试图割腕自杀，精神濒临崩溃。

就在这时，梁思成、林徽因将沈从文接到清华大学，照顾他、温暖他、帮助他。让他生活在清华的朋友们中间，感受到朋友们并没有因为他受到批判而远离他。

在清华大学，沈从文有时住在梁家，有时住在金岳霖家，情绪慢慢稳定下来，精神也慢慢走出了困境。

梁思成、林徽因在写给沈从文妻子张兆和的信中，安慰她道：“……得知我们这次请二哥(指沈从文)出来的确也是你所赞同的，至为欣慰。这里的气氛与城里完全两样，生活极为安定愉快。一群老朋友仍然照样地打发日子……人人都是乐观的，怀着希望照样地工作……他住在老金家里。早起八时半就同老金一起来我家吃早饭；饭后聊天半小时他们又回去；老金仍照常伏案……此外在睡前还强迫他吃一杯牛奶，所以二哥的睡眠也渐渐地上了轨道。

（林徽因续写）“……这里这几天天晴日美，郊外适于郊游闲走。

我们还要设法让二哥走路——那是最可使他休息脑子而晚上容易睡着的办法……你自己可也要多多休息才好，如果家里能脱开，一家都来这边。就把老金家给你们住，老金住我们书房也极方便……”

张兆和接到梁思成和林徽因的信后，在写给沈从文的信中说：“读了你的信和梁氏贤伉俪的信，心里软弱得很。难得人间还有这样的友情。我什么困难、什么耻辱都能够忍受，可是人家对我们好，无所取偿地对我们好，感动得我心里好难过！……听说徽因自己也犯气喘，很希望你能振作起精神，别拿自己的忧虑再去增加朋友的忧虑……”

社会进入了一个崭新的时代，一切都发生了巨大的变化。

沈从文在努力地改变自己，他放下了从事多年的小说写作，开始转向对文物的研究。

梁思成、林徽因也在努力地改变自己，希望能跟上时代。徽因剪了短发，用卡子别在耳后。她还做了列宁装穿上，人显得精干利落。

<四> 情系国徽

1949 年 9 月 27 日，全国政协第一届全体会议讨论并通过了国旗、国都、国歌、纪年四个决议案。大会主席团决定，邀请专家设计国徽图案。

当时参加国徽设计的单位主要有中央美院和清华大学。

周恩来总理亲自约请梁思成组织清华大学建筑系的教师，按政协常委会提出的要求，以天安门为主体，设计国徽。

清华大学建筑系接受了国徽设计任务后，梁思成、林徽因召集莫宗江、李宗津、朱畅中、汪国瑜、胡允敬、张昌龄，组成了国徽设计小组。

小组成员朱畅中后来回忆道：

……林徽因先生首先给我的任务，是让我去画天安门的透视图，她要我去系里资料室找出以前中国营造学社测绘天安门的实测图作参考。当我看到实测的天安门建筑立面图时，感到它中轴线左右对称的布局，本身就显示出一种庄严雄伟的气势，而且在视觉上有一种深远感。如果天安门图案采用立面图，不仅放大缩小作图容易，形象正确可靠，且略加阴影就有浮雕效果。于是，我赶紧向梁、林两位先生报告，建议改用天安门立面图。这建议得到梁、林两位先生和小组全体同志的赞同。

当时清华参加国徽图案设计小组的每一位老师都分配有不同的任务。各人分别搜集自己所需的参考资料，设计细部、位置和整体的关系……每一轮大家提出一些方案设想后就在梁、林两位先生的主持下，集中成几个整体图案，加以推敲、调整、修饰，筛选出一个或几个方案。然后采用流水作业的方法，立即进行绘制彩色工整的图案送审……

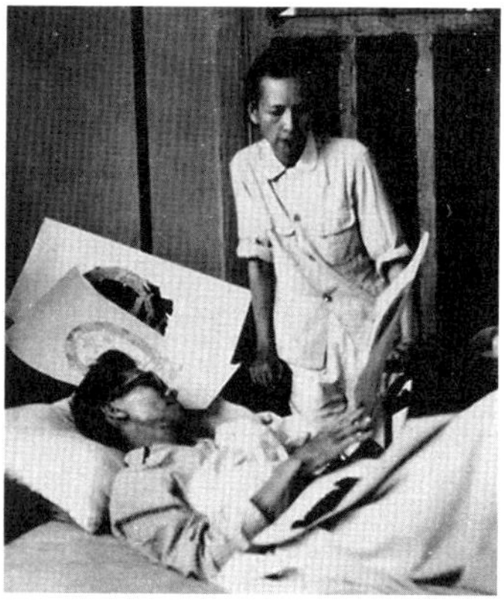

① 最初设计的国徽图

② 国徽设计图

③ 国徽

④ 清华大学营建系设计国徽图案

⑤ 梁、林夫妇在病中讨论国徽设计方案

梁思成、林徽因和设计小组的成员设计了无数张草图，进行了无数次讨论。他们放弃了在图案中用飘带作为装饰的设想，使图案看上去沉稳庄重。他们还考虑到制作问题，太复杂的图案和色彩在制作上存在困难，所以他们只采用金红两色，这是我国千百年来象征吉祥喜庆的颜色。国徽采用金红两色，不仅富丽堂皇、庄严美观，而且醒目大方，具有鲜明的民族特色。

◇ 毛主席主持通过国徽

◇ 天安门城楼上的国徽

国徽是一个国家形象的象征，这一重大使命成为林徽因生活的中心。她家里的客厅里、书桌上、床几前，到处都是金红两色的国徽图稿，建筑系的师生们川流不息，家里完全像是一个工作间。

国徽送审的日子就要到了，在定稿前要使每一个细部了无遗憾；在定稿后，还要做出国徽模型。徽因和思成一连数日通宵达旦地工作。思成累得病倒了，徽因强撑病体豁出命般地操心，只为了让国徽设计得尽善尽美。

做出决定的时刻到了。摆在周总理和政协常委们面前的，除了清华大学的国徽方案，还有其他的设计方案。最后，经过反复比较、反复讨论，清华大学建筑系设计组设计的金红两色、端庄大气的国徽图案得到了全国政协常委们的认同和通过。

像林徽因这样一个视艺术为生命的人，还有什么比自己设计的作品成为国家形象的象征更感幸福的事情呢！

国徽的内容为国旗、天安门、齿轮和稻穗，象征着中国人民自“五四”运动以来的新民主主义革命斗争和工人阶级领导的以工农联盟为基础的人民民主专政的新中国的诞生。

——清华大学设计组《国徽图案说明》

<五> 不息的变幻

古老的北京城，是一座经过精心规划设计、建筑文物众多，历经元、明、清数代王朝更迭而保存完好的城市艺术杰作。

北京城的建筑已有两千多年的历史。这里曾是燕国的都邑，称作蓟。唐代，这里是幽州城，为节度使的幕府所在。在五代宋辽金时期，这里称作燕京。金灭辽后，北京又成为金的中都。到了元朝，城的位置东移，成为元大都，奠定了现今北京城的基础。难得的是，元明交替，明清更迭，改朝换代，北京都未遭太大的破坏。城市布局自北而南，基本上左右对称。一条纵贯全城的中轴线北起钟鼓楼，过景山、穿神武门直达紫禁城的中心三大殿，然后出午门、天安门、正阳门直至永定门，全长八千米。内城所有的重要建筑物都在中轴线上，前后左右互相呼应。这种全城布局的整体感和稳定感，堪称世界奇观。

尤其令人称奇的是，北京城的建筑是经过认真规划的。这座城市的建筑完全是根据《周礼·考工记》中对“城”的规划要求而设计的：“匠人营国，方九里，旁三门，国中九经九纬，经涂九轨，左祖右社，面朝后市。”

所谓“左祖右社”，是相对皇宫而言。“左祖”指皇宫的左边是祭祖的太庙（如今的民族文化宫），“右社”是指皇宫右边的社稷坛（如今的中山公园）。

“旁三门”是指东、西、南、北四面城墙应有三个城门。城东有日坛，城西有月坛，城南有天坛，城北有地坛。

“九经九纬”是指城的南、北、东、西方向各有九条主要街道，“经涂九轨”是指南北主要街道同时能并行九辆马车。

所谓“面朝后市”，也是相对皇宫而言。皇宫前面是朝廷的行政机构，皇宫面对朝廷；“市”指商业区，处于皇宫后面的位置。

老北京的建筑都不是单独的、孤立的存在，往往是若干建筑群组成的整体。小到一处四合院、一条胡同，大到蔚为大观的故宫，再如那些坛、庙、苑林、府邸……无一不是整体的建筑群落。

城市中有大街，有小巷，车水马龙，家居住宅布局在安静的胡

① ③
② ④

①② 老北京的牌坊

③ 北京胡同雪景

④ 老北京街景

◇ 京城老建筑

同。这样的规划即使在今天看来，也是非常科学的。

梁思成和林徽因深爱北京，不是因为这里是他们从小生活的地方，是他们度过最美好岁月的地方。而是因为作为建筑师，他们走过世界上许多国家，也见过那些国家的许多伟大建筑，但像北京这样一座古老的城市，整体的规划设计都堪称典范的，在全世界也不多见。

他们爱北京，不只是爱北京的某一处景观，而是爱整体的北京。

他们爱北京金碧辉煌的宫殿，也爱北京气势巍峨的城墙城门。他们爱北京宁静和平的四合院，也爱北京协调的建筑群落上开阔醇和的天际线。

新中国成立后，面临着中央机关众多机构人员和家属的进京。这么多新增的机构和人员一下子来到这里，既要工作，又要生活。怎样才能既使北京的风貌不受破坏，又能让北平解放后的建设与新中国首都的地位相适应？思成和徽因无论是作为北京都市计划委员会的副主任和委员，还是作为建筑师，他们都将此项任务视为自己义不容辞的使命。

他们认为，社会主义国家不同于私有制国家土地私有，新中国的城市建设和建筑应该做到统一规划、合理布局。

为了能够向党中央、国务院和北京市委完整陈述他们对北京总体规划的思想，梁思成和南京的建筑学家陈占祥一起共同拟定了《关于中央人民政府行政中心区位置的建议》，这个建议后来被称为“梁陈方案”。

这一方案全面分析了北京古城的历史文化价值和审美价值，提出了对北京城整体加以保护的思想和方案。

方案的核心内容是，建议政府完整保留北京旧城的古建筑和民居，将中央行政中心设在月坛以西、公主坟以东的区域。在保留古城原貌的基础上，选择没有什么老建筑、居住人口又少的复兴门一带，另建新城。

他们认为，现代政府不是封建社会的三省六部，而是一个组织繁复的现代机构。这些机构约需要十几平方公里面积的土地来盖楼房，而北京市内已没有足够的空地。北京市民所拥有的园林绿化游憩面积已经太少，如果再将中央政府的机构分散错杂在全城，显然是不合适的。以北京现有的格局，政府机构一旦夹杂进来，必将破坏北京城原有的布局。

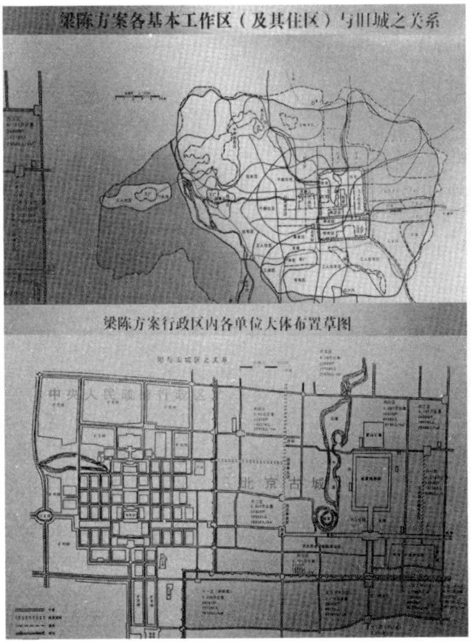

◇ “梁陈方案”图

方案还具体谈到了城市建设的工程技术问题、北京市的人口问题、土地使用的分区问题……他们认为，如果将政府行政区设在旧城以外，不但保护了旧城的格局，同时还赢得了时间考虑整座城市的详细规划与改建。

方案全面分析了北京古城的历史文化价值和审美价值，提出了对北京整体环境加以保护的思想。他们陈述道：北京是历史名城，许多古老的建筑已成为具有纪念性的文物。这些古老的建筑不仅形体美丽，而且有秩序的布局和整个文物环境形成了这个城市的壮美特色。对北京的建筑群落应该整体保护，不应随意拆除或者掺杂进不协调的建筑形体，使这一完美的整体被损毁和破坏。

这一方案，体现了最早、最科学的保护北京、建设北京的思想。

如果这一方案得以通过、能够实施，那么保护下来的老北京不仅是比罗马、巴黎、雅典更为完整的历史文化名城，而且完全可能避免以后越来越严重的城市病。

可是，历史没有如果。

“梁陈方案”被彻底否定了。陈占祥于1957年被划为“右派”，梁思成也受到了激烈的批判。在彭真的保护下，他在“反右”运动中得以幸免。

< 六 > 城与墙

当梁思成、林徽因意识到，老北京城已经不可能完整保留下来的时候，他们希望退而求其次，保留下北京的城墙和城楼。

可是，随着新中国建设轰轰烈烈地展开，北京的建设也加快了步伐。关于北京城墙的存废问题被很快提上了日程，从主政者到各界人士，很多人都主张拆除城墙，而且要求快马加鞭地拆除。

主张拆城墙的人们认为：城墙是古代的防御工事，是封建帝王为了镇压农民起义而修建的，是封建帝王统治的遗迹，是套在社会主义首都脖子上的“锁链”。而且，城墙限制和妨碍城市发展，阻碍交通。拆了城墙，不仅可以取得许多墙砖用于建设，还可以腾出地方来修建公路。

梁思成和林徽因坚决主张保护城墙和城楼。

他们反驳说：“故宫不是帝王的宫殿吗？天安门不是皇宫的大

① 老北京城门

② 故宫俯瞰图

③ 梁思成设计北京城墙改造图

④ 老北京城墙和城门

① ② ③ ④

◇ 梁思成与周恩来

◇ 华罗庚、老舍、梁思成、梅兰芳

门吗？这些建筑物虽然曾经为帝王服务、为统治者专用，但它们都是古代劳动人民创造的杰作，今天已属于人民大众，成为民族的纪念性文物了。”

“……城墙工程表现出伟大的集体创造与成功的力量。这环绕北京的城墙虽主要为防御而设，但从艺术的观点看来，它是一件气魄雄伟、精神壮丽的杰作。它的质朴无华的结构，单纯壮硕的体形，经由劳动的血汗、劳动的精神与实力，成为人民集体成功的技术上的创造。它不是一堆平凡叠积的砖堆，它是举世无匹的大胆的建筑纪念物，是磊拓嵯峨、意味深厚的艺术创造。无论是它壮硕的品质，或是它轩昂的外像，或是那年年历尽风雨甘辛，同北京人民共甘苦的象征意味，总都要引起后人复杂的情感的……”

他们还针对城墙阻碍交通一说解释道：“现代城市为防止过度密集和拥挤，采取用园林地带分割大城市为小城区的办法。城墙正可负起新的任务，充当现代大城市的区间隔离物……”

◇ 晚年梁思成

他绘图纸、写规划，建议将城墙和城楼稍加改造，便可成为供市民休憩的城市公园。

“北京城墙充满了历史意义。它朴实雄厚的壁垒、宏丽嶙峋的城门楼、箭楼、角楼是北京环境中不可分离的艺术构成……

“站在上面俯瞰城郊，远览风景，可以供人娱心悦目，舒畅胸襟。这样环城的立体公园，是全世界独一无二的，我们必须好好利用它为广大人民服务。”

可是，他们关于城墙保护的方案同样被否定了。

梁思成、林徽因在各种会议上和文章中吁请主政者：城市建设“对历史和后代负有巨大责任”，希望社会各方能“小心温柔”地对待历史建筑。

他们寝食难安，奔走呼吁，写文章、提方案、谈措施，甚至与决策者和执行者当面辩论、争执。可是，他们的一切努力都无济于事，“毁城”运动一日千里地进行着。

作为第一届北京市人民代表，林徽因绝望地问道：“为什么经历几百年战乱和沧桑，在解放前夕还能从炮口下抢救出来的古城，反而在新中国的建设中要被毁弃呢？为什么我们在博物馆的玻璃橱里精心保存几块残砖碎瓦，同时却把保存完好的世界上独一无二的古建筑拆得片瓦不留呢？”

梁思成痛苦地说：“拆掉一座城楼，就像割掉我的一块肉；扒掉一段城墙，就像剥掉我的一层皮！”

在痛感自己无力保护老北京城时，他沉痛地说道：“50 年后，你们会后悔的！”

50 年的时间过去了，历史和现实对此已经给出了答案。

<七> 灵魂的丰碑

人民英雄纪念碑 1949 年奠基，1956 年建成，其间共经历了 7 年时间。

为什么会用这么长时间呢？只因最初参与设计的人员来自不同领域，各有各的思路，方案众多、众说纷纭，设计思想长时间得不到统一。

梁思成是纪念碑建筑设计组组长，林徽因是纪念碑建筑委员会委员。

当时参与和主持这项工作的有党和国家领导人，有建筑学家、工程专家、雕塑家、美术家、历史学家等。他们中有人主张以巨型雕塑体现英雄形象；有人主张建成欧洲古典的“纪念柱”或埃及的“方尖碑”样式；还有人主张建成一座“小天安门”，下面是大平台，平台上立碑，平台侧面开门，里面有展厅、展室，还有休息室、厕所等设施。

◇ 人民英雄纪念碑图

梁思成和林徽因非常担心，天安门前建筑群落的和谐感会被一座不伦不类的建筑物给破坏掉。

◇ 林徽因为纪念碑基座设计的雕饰

梁思成为此专门给当时的北京市市长彭真写了一封信，在信中，他表达了自己的担心和看法："天安门是广场上最主要的建筑物，人民英雄纪念碑却是一座新的、同样重要的建筑，它们两个都是中华人民共和国第一重要的象征性建筑物。因此两者决不宜用任何类似的形体，又像是重复，而又没有相互衬托的作用……总之，人民英雄纪念碑是不宜放在高台上的，而高台之下尤不宜开洞。至于碑身……我认为做成碑形不合适，而应该是老老实实的多块砌成的一种纪念性建筑物的形体……人民英雄纪念碑本身之重要和它所占地之重要都非同小可，我以对国家、对人民无限的忠心，对英雄们的无限崇敬，不能不汗流浃背、战战兢兢地要它千妥万帖才敢喘气放胆去做……"

方案之争一直到 1954 年年底，北京市政府最后决定采用梁思成的设计方案，纪念碑的建筑施工才得以顺利推进。

◇ 梁思成在工作中

◇ 新中国成立后梁思成的照片

当梁思成忙于纪念碑整体设计时，林徽因则忙于纪念碑基座上的花环、浮雕图案的设计。

她对世界各地的花草图案进行了反复对照、研究，描绘出成百上千种花卉图案，这些图案或精致华美，或典雅凝重，一沓沓堆在枕畔、床头、书桌上、沙发旁。

她对自己的工作挑剔到了严苛的地步，连素来以严谨认真著称的梁思成也感到不忍。他捡起林徽因弃置在地上的大堆图纸细看，那些或细腻凝重、或华美精致的图案吸引着他。徽因笔下灵动的画稿如同她笔下那些灵动的诗句一样，让思成爱不释手。他知道徽因性子急，如果哪天她不中意这些画稿，又嫌它们碍事，就会一把火给烧了。思成则认定这些画稿都十分有价值，他找来一个纸箱，在徽因弃置的画稿中挑了一些装进纸箱里保存了起来。这些保存下来的草图，后来毁于“文革”浩劫中。

在为纪念碑基座设计的成千上万种图案中，思成和徽因最后选定了以橄榄枝为主体的花环图案，还有牡丹、荷花、菊花组成的花卉图案，用以象征革命烈士高贵、纯洁和坚韧的品格精神。

这些图案后来雕刻在人民英雄纪念碑的碑座上。那是一组华美而浑厚、轻盈而奔放的艺术音符，镌刻在坚实的碑座四侧，谱成了纪念人民英雄的雄浑乐章。

如果用梁思成和林徽因终生痴迷的中国古建筑来比喻他们，那么，梁思成是坚实的基础与梁柱，是宏大的结构和支撑；而林徽因则是那灵动的飞檐、精致的雕刻、镂空的门窗和美丽的阑额。

他们一个厚重坚实，一个轻盈灵动。厚重坚实体现着高贵纯正的境界，轻盈灵动呈现出飞扬向上的风姿。

他们的组合无可替代。

< 八 > 你是人间的四月天

1955 年早春，林徽因和梁思成双双病倒，住进了同仁医院。他们得的都是肺病，两人的病房相邻，尽管他们从这间病房到那间病房只要两分钟时间，可徽因却病得连下床轻微走动的力气也没有。

这年年初，全国建筑界开始了对“以梁思成为代表的资产阶级唯美主义的复古主义思想”的批判。这年第 1 期的《建筑学报》刚刚在印刷厂印好，可因为这期杂志上刊载了梁思成的文章《中国建

◇ 林徽因

◇ 梁思成

筑的优秀实例》，被有关方面下令全部销毁。梁思成作为《建筑学报》的主编被撤职，《建筑学报》创刊号上梁思成的《中国建筑发展的历史阶段》一文被定为“宣扬复古主义的代表作”而受到激烈批判。

这一切，使梁思成由震惊、不理解到痛苦地思索。他反思自己在新中国成立后的所作所为，他自认为自己一直在努力地探索和实践“民族的形式，社会主义的内容”这一建筑思想。他认为，要设计出代表一个国家形象的新的建筑物，需要一个不断摸索与创造的过程，这个过程不可能一下子就十分完美和成熟。在这一过程中，使用一些传统的建筑艺术语汇，如“大屋顶”之类，应该是可以理解的。更何况，作为一个有影响的建筑师，他个人并没有设计过任何一座大屋顶建筑。可是，批判来得如此迅速而猛烈，完全由不得他分说。

这场批判运动如同一场暴风雨，直接击打着重病中的林徽因。当她和思成终生尊奉的学术信念和美学原则遭到粗暴否定，还被批判得一钱不值的时候，她病弱的生命遭到了致命的打击。

林徽因在一首题为《死是安慰》的诗里写道：

个个连环，永打不开，
生是个结，又是个结，
死的实在，一朵云彩。

一根绳索，永远牵住，
生是张风筝，难得飘远，
死是江雾，迷茫飞去。

长路旅程，永在中途，
生是串脚步，泥般沉重——
死是尽头，不再辛苦。

一曲溪间，日夜流水，
生是种奔逝，永在离别！
死只一回，它是安慰。

1955年4月1日清晨6点，林徽因病逝于北京同仁医院。
这年，她51岁。

她的一生如同一首诗，真挚、隽永而有激情。

对于爱美、爱艺术胜过爱自己生命的林徽因来说，51岁告别这个世界并没有太多遗憾。她在自己的一生中，释放了全部的爱与热情。

她的一生有病痛，但没有阴暗；有贫困，但没有卑微；有悲怆，但没有鄙俗。

她离开了这个世界，在1955年春日的清晨。

◇ 林徽因墓

晨光熹微，白露如霜，她辞世于一天最清新的时刻；草色遥看，乍暖还寒，她的生命定格于人间四月天。

林徽因年谱简编

< 林徽因年谱简编 >

1904 年 6 月 10 日

出生于浙江省杭州市。

祖父林孝恂（字伯颍），福州人。清光绪十五年进士，初入翰林院，后到浙江做地方官，居家杭州。徽因父亲是林家长子，全家与祖父母生活在一起。徽因从小由姑母发蒙，祖父家中设有家塾，家塾课程分国学和新学，林家子侄从小在家塾受教。

父亲林长民（字宗孟，1876—1925），毕业于日本早稻田大学法律政治系。回国后，在家乡创办了福州私立法政学堂，担任校长。

1911 年，辛亥革命后，他将学堂交由别人管理，奔走各地宣传革命。南京临时政府时期，曾任临时政府参议院秘书长。发起组织“共和建设讨论会”，为民初立宪派的名人。

母亲何雪媛，浙江嘉兴人，当地富商的女儿。与林长民感情不睦。

在生育徽因后，又生有一个小女儿麟趾。小女儿因病早夭。

1912 年（8 岁） 由杭州迁居上海市，入上海当地小学上学。

1916 年（12 岁） 全家由上海迁居北京，入教会创办的培华女子中学读书。

父亲林长民曾任国务院参事。张勋复辟期间，林长民支持段祺瑞讨伐张勋复辟，后被段祺瑞政府任命为司法总长。第一次世界大战结束后，在“巴黎和会”期间与梁启超共同奔走，反对政府签订“二十一条”，由此引发 1919 年的“五四”运动。

1920 年（16 岁） 春夏之交，跟随父亲林长民到欧洲。

这一年，林长民作为“国际联盟中国协会”成员国的代表，被政府派赴出国考察第一次世界大战后的欧洲，为时一年半。其间，父女居住在伦敦，林徽因随父亲出访了法国、德国、瑞士、比利时。

在国外时期，林徽因入读英国伦敦 ST.Mary’s College（圣玛丽学院）。

1921 年（17 岁） 随父亲自欧洲回国。回到北京后，继续在培华女子中学学习。

1922年（18岁）

在双方父辈的安排下，与梁思成相知相恋，梁思成当时是清华学堂留美预科班的学生。徽因在随父旅欧前，就因两位父辈的关系与思成彼此认识。但当时彼此年龄尚小，未定终身。此间，两位父亲议定了这桩大事。但梁启超认为，年轻人应以学业为重，如过早结婚必影响学业。因此，主张他们赴美留学，完成学业后再结婚。父亲的意见得到了两位年轻人的遵从。

1923年（19岁）

从培华女子中学毕业，并考取了赴美半官费留学的资格。这年5月7日，梁思成遇车祸，徽因本应和他一起当年毕业赴美，因思成车祸而推迟一年。

这一年，林徽因翻译了英国作者奥斯卡·王尔德的作品《夜莺与玫瑰》。

1924年（20岁）

4月，印度诗哲泰戈尔访华，徽因参与接待。她在为欢迎泰戈尔而排演的诗剧《齐德拉》中扮演女主角。6月，与梁思成同往美国留学，就读于宾夕法尼亚大学美术学院，选修了建筑系的主要课程。

1925年（21岁）

父亲林长民遇难。

林长民时为东北军将领郭松龄的幕僚长，参加郭松龄部倒戈反奉。郭的队伍在东北巨流河遭遇张学良率奉军伏击，林长民中流弹身亡，时年49岁。母亲劝阻了想要回国的徽因，嘱她："安命，不必回国。"

1927年（23岁）

宾夕法尼亚大学美术学院毕业，获美术学士学位。同年，入耶鲁大学戏剧学院，师从G.P.帕克教授学习舞台美术设计。梁思成获宾夕法尼亚大学建筑学硕士学位后，进入哈佛大学研究生院，攻读东方艺术博士学位。

1928年（24岁）

与梁思成相恋6年后，这年3月他们在中国驻加拿大总领事馆举行了婚礼。婚后，两人携手同往欧洲考察游览。他们游历了英国、法国、意大利、西班牙等国家后，从西伯利亚乘火车于8月回到北平。同年，他们受聘于东北大学建筑系任教，这是当时国内第一个建筑系。梁思成任系主任、教授，林徽因任教授。最初，建筑系只有他们两位教师。

1929年（25岁）

8月，女儿梁再冰出生。这年1月，思成的父亲梁启超先生因病去世，享年56岁。

1930年（26岁）

工作和生活的劳累加上东北寒冷的气候，林徽因肺病复发。回到北平，在香山养病。此间，开始了文学和诗歌创作。

1931年（27岁）

"九一八"事变发生。梁、林辞去东北大学的教职，回到北平，全家租住在北平东城北总布胡同3号。他们夫妇应朱启钤先生之聘请，到朱启钤任社长的中国营造学社工作。这是专门研究中国古代建筑艺术的民间学术机构，梁思成任法式部主任，林徽因任校理，与梁思成一起从事古建筑调查、研究。同时开始在《北平晨报》《新月》等刊物上发表诗歌、小说、散文等作品。

这一年发表的作品有：

散文：《悼志摩》发表于1931年12月7日《北平晨报》。

小说：《窘》发表于1931年9月《新月》杂志第三卷第9期。

诗：《"谁爱这不息的变幻"》《那一晚》

《一首桃花》发表于1931年《诗刊》第2期、第3期。

诗：《笑》《深夜里听到乐声》《情愿》《仍然》发表于1931年9月《新月诗选》。

诗：《激昂》发表于1931年9月《北斗》创刊号。

1932年（28岁）

与梁思成一起，到北平郊外等地考察古建筑。与梁思成共同设计北京大学地质馆、北京大学女生宿舍灰楼等建筑。

同年8月，儿子梁从诫出生。

这一年发表的作品有：

《论中国建筑之几个特征》发表于《中国营造学社汇刊》第三卷第1期。署名林徽因。

《平郊建筑杂录》发表于《中国营造学社汇刊》第三卷第4期。署名梁思成、林徽因。

1933年（29岁）

与梁思成到山西、山东等地考察古建筑，并共同撰写专著、论文及调查报告。

这一年发表的作品有：

《闲谈关于古建筑的一点消息》发表于1933年10月7日天津《大公报·文艺副刊》。

署名林徽因。

《云冈石窟中所表现的北魏建筑》发表于《中国营造学社汇刊》第三卷第3期、第4期。署名梁思成、林徽因、刘敦桢。

文艺评论：《惟其是脆嫩》发表于1933年9月23日天津《大公报·文艺副刊》。

诗：《莲灯》《中夜钟声》《山中一个夏夜》发表于1933年《新月》第四卷第6期、第7期。

诗：《秋天，这秋天》发表于1933年11月18日天津《大公报·文艺副刊》。

1934年（30岁）

与梁思成一同到山西、浙江等地考察。在浙江，他们共同拟订了重修六和塔的计划。之后，又赴浙南考察了当地的古建筑。后又测绘大同云冈石窟等古建筑。

这一年发表的作品有：

撰写建筑学论著《清式营造则例》第一章《绪论》。

在《清式营造则例》这本书的序中，梁思成写道：“内子林徽因在本书上为我分担的工作除《绪论》外，自开始至脱稿以后数次的增修删改，在照片之摄制及选择、图版之分配上，我实指不出彼此分工区域，最后更精心校读增删。所以，至少说她便是这书一半的著作者才对。”

这部著作 1934 年 1 月由中国营造学社出版、京城印书局印行。

书信体散文：《山西通信》发表于 1934 年 8 月 25 日天津《大公报·文艺副刊》。

散文：《窗子以外》发表于 1934 年 9 月 5 日天津《大公报·文艺副刊》。

小说：《九十九度中》发表于 1934 年 5 月《学文》杂志第一卷第 1 期。

诗：《年关》《微光》分别发表于 1934 年 2 月 21 日、9 月 27 日天津《大公报·文艺副刊》。

诗：《你是人间四月天——一句爱的赞颂》《忆》分别发表于 1934 年《学文》杂志第一卷第 1 期、第 2 期。

1935 年（31 岁）

夏天，与费正清、费慰梅到山西峪道河消夏，并到赵城、介休、孝义、霍县等地考察古建筑。

这一年发表的作品有：

《由天宁寺谈到建筑年代之鉴别问题》，

最初发表于1935年3月23日天津《大公报·艺术周刊》第25期，后又在《中国营造学社汇刊》第五卷第4期转载，转载题目为《平郊建筑杂录·续》。署名林徽因、梁思成。

《晋汾古建筑预查纪略》发表于《中国营造学社汇刊》第五卷第3期。署名林徽因、梁思成。

散文：《纪念志摩去世四周年》发表于1935年12月8日天津《大公报·文艺副刊》。

小说：《模糊零篇》——《钟绿》《吉公》《文珍》《绣绣》发表于1935年6月至1937年4月的天津《大公报·文艺副刊》。

1936年（32岁）

与梁思成、刘敦桢、陈明达、赵正之等一起考察洛阳龙门石窟。离开龙门后，又前往开封考察了繁塔、铁塔、龙亭。之后，从开封到山东，考察了长清、泰安、济宁等11个县的古建筑。然后，梁、林西出长安，到陕西耀县考察了药王庙。他们原计划从耀县走兰州再去敦煌，但由于当局对延安实行封锁，陕甘一带严加防备，须持有军事部门签发的特许通行证才能放行，他们因此去敦煌的计划未能成行。此后，他们再也没有机会实现这一心愿，这成了思成和徽因的终身遗憾。

这一年发表的作品有：

散文：《蛛丝和梅花》发表于 1936 年 2 月 2 日天津《大公报 · 文艺副刊》。

文学评论：《文艺丛刊小说选题记》发表于 1936 年 3 月 1 日天津《大公报 · 文艺副刊》。

诗歌评论：《究竟怎么一回事》发表于 1936 年 8 月 30 日天津《大公报·文艺副刊》。

诗：《深笑》发表于 1936 年 1 月 5 日；

《风筝》发表于 1936 年 2 月 14 日；

《别丢掉》《雨后天》发表于 1936 年 3 月 15 日；

《记忆》发表于 1936 年 3 月 22 日；

《静院》发表于 1936 年 4 月 12 日；

《无题》发表于 1936 年 5 月 3 日；

《题剔空菩提叶》发表于 1936 年 5 月 17 日；

《黄昏过泰山》发表于 1936 年 7 月 19 日；

《昼梦》发表于 1936 年 8 月 30 日；

《八月的忧愁》发表于 1936 年 9 月 30 日；

《过杨柳》发表于 1936 年 11 月 1 日；

《冥思》发表于 1936 年 12 月 13 日。

（以上诗歌均发表在当年的天津《大公报 · 文艺副刊》）

诗：《空想》（外四章）发表于1936年12月《诗刊》第3期。

1937年（33岁）

与梁思成和营造学社的莫宗江、纪玉堂一起，前往五台山，寻找佛光寺。经过艰难地跋涉，终于在五台山豆村发现了唐代建筑——佛光寺大殿，他们在那里进行了一个多星期的考察测量。此时，“七七事变”已经发生，他们从山西辗转回到了北平。

1937年7月29日，日本侵略者分三路进入北平，北平沦陷，营造学社暂时解散。思成、徽因带着两个孩子和徽因的母亲离开北平，经湖南、贵州等地，一路历经艰辛抵达云南昆明。途中，徽因感染肺炎，高烧不退，严重损害了身体健康。

这一年发表的作品有：

诗：《红叶里的信念》发表于1937年1月《新诗》第4期。

《山中》发表于1937年1月29日天津《大公报·文艺副刊》。

《静坐》发表于1937年1月31日天津《大公报·文艺副刊》。

《十月独行》发表于1937年3月7日天

津《大公报·文艺副刊》。

《时间》发表于1937年3月14日天津《大公报·文艺副刊》。

《古城春景》发表于1937年4月《新诗》第二卷。

《前后》发表于1937年5月16日天津《大公报·文艺副刊》。

《去春》发表于1937年7月《文学杂志》第一卷第3期。

戏剧：四幕剧《梅真同他们》分别发表于1937年5—7月号《文学杂志》。改剧本"未完待续"的预告已发出，创作却因抗战爆发、流亡迁徙而中断。

1938年（34岁）

全家流亡在昆明。刚到昆明，梁思成即患脊椎软骨硬化症而卧床。林徽因操持着全部家务，照顾生病的思成。在艰难竭蹶中，刘敦桢、陈明达、莫宗江等人也来到了昆明，营造学社在多方努力下重新恢复了工作。学社的研究工作需借助中央研究院历史语言研究所的图书资料，故在抗战期间，营造学社便随着史语所的搬迁而搬迁。

1939年（35岁）

为了躲避日机的轰炸，营造学社迁徙到昆明东北20里郊外的龙泉镇龙头村，学社在一个尼姑庵的空房间里工作。徽因、思成借钱在乡下盖了三间土坯的房屋，让全家居住。生活暂时安定下来后，学社成员分两路在半年时间里考察了四川40多个县的古建筑。这期间，徽因留守昆明，操持学社和家里的一应事务。

这一年发表的作品有：

散文：《彼此》，抒写坚持抗战、抗战必胜的信念。发表于1939年2月5日《今日评论》。

诗：《除夕看花》发表于1939年6月28日香港《大公报·文艺副刊》。

1940年（36岁）

因为战事，营造学社随史语所从昆明迁徙到四川宜宾南溪县的李庄。梁思成在出发前病倒。在此次长达半个月的搬迁途中，徽因一人全程照料老人、孩子、行李和一应事务。

1941年（37岁）

到李庄后，林徽因肺病复发，病势沉重。从此，她沉疴缠身，卧床不起，再也没有像正常人一样生活过。李庄缺医少药，加之战时经济陷入困局，全家曾一度靠典当度日。

1942年（38岁）

营造学社关于中国古建筑的研究工作在艰苦的环境中继续进行。林徽因在病床上研究《二十四史》等古迹，为写作《中国建筑史》收集、查证资料，并参与构思和写作。

1943年（39岁）

在病中写作《中国建筑史》第六章：宋、辽金部分。梁思成1954年1月在油印本《中国建筑史》前言中写道："这部稿子是一部集体劳动的果实……林徽因同志除了对辽宋的文献部分负责搜集资料并执笔外，全稿都经过她校阅补充。"

1944年（40岁）

考虑到战后的中国需要恢复重建，林徽因认为作为一个建筑师，能够让老百姓拥有适合自己生活的居住空间比建造一百幢宫殿大厦更有意义。她关注和留意英美建筑学期刊中有关贫民住宅建造的试验和设计，在病床上翻译整理了四万字的论文——《现代住宅设计的参考》。

这一年发表的作品有：

《现代住宅设计的参考》，文章最早发表于1945年10月《中国营造学社》第七卷第2

期。署名林徽因。

1945年（41岁）

抗战胜利。坚守在李庄的梁、林和营造学社的成员完成了《中国建筑史》的写作，完成了英文《图像中国建筑史》的写作。编辑了《中国营造学社汇刊》第七卷。第七卷第2期的《编辑后语》原著未署名。这是最后一期《中国营造学社汇刊》，由林徽因主编。

1946年（42岁）

抗战胜利后的1946年8月，营造学社随中央研究院史语所一同返回北平。北归后，梁思成受聘于清华大学，就任清华大学建筑系主任，全家在清华大学安下家来。同年10月，梁思成应邀赴美国讲学并考察。林徽因为清华大学建筑系的筹建工作出谋划策，多方出力。

这一年发表的作品有：

散文：《一片阳光》，发表于1946年11月24日天津《大公报·文艺副刊》。

在完成了《图像中国建筑史》的工作后，梁思成在前言中着重强调："最后，我要感谢我的妻子、同事和旧日的同窗林徽因。20多年来，她在我们共同的事业中不懈地贡献着力量。从在大学建筑系求学的时代起，我们就互相为对方'干苦力活'，以后在大部分的实地调查中，她与我做伴，有过许多重要的发现，并对众多的建筑物进行过实测和草绘。近来，她虽罹重病，却仍葆其天赋的机敏与坚毅。在战争时期的艰难日子里，营造学社的学术精神和士气得以维持主要应归功于她。没有她的合作与启迪，无论是本书的撰写，还是我对中国建筑的任何一项研究工作，都是不可能成功的。"文章结尾处特别标注：写于四川省李庄，中国营造学社战时社址 1946 年 4 月。

1947年（43岁）

住院、手术，摘除了被结核病菌感染的一侧肾。术后恢复缓慢。内战爆发，货币贬值，物价上涨。

这一年发表的作品有：

诗：《诗三首》——《给秋天》《人生》《展缓》发表于 1947 年 5 月 4 日天津《大公报·文艺副刊》。

1948年（44岁）

中国人民解放军包围了傅作义据守的北

平，大战在即。梁、林夫妇拒绝了去美国和台湾，坚持留在清华园内。林徽因和梁思成共同为解放军代表绘制北平城内重点文物古迹地图，以利于解放军攻城时保护文物。后又与清华大学营建系教师一起编写完成了《全国重要文物古建筑简目》，供解放军解放全中国保护文物使用。

这一年发表的作品有：

诗：《六点钟在下午》《昆明即景》《年轻的歌》发表于1948年2月22日《经世日报·文艺周刊》第58期。

诗：《病中杂诗九首》《哭三弟恒》发表于1948年5月《文学杂志》第二卷第12期。

1949年（45岁）

北平和平解放。新中国成立。林徽因受聘于清华大学营建系任教授，讲授“住宅概论”等课程。参加并领导中华人民共和国国徽设计工作。

1950年（46岁）

全国政协一届二次会议在中南海怀仁堂通过了清华大学营建系设计的国徽方案，林徽因是主要设计人员之一。同年，被任命为都市计划委员会委员兼工程师，参加并组织领导北京传统工艺品的抢救与设计工作。

1951年(47岁)

被任命为人民英雄纪念碑建筑委员会委员，参加纪念碑设计工作。组织领导完成一批景泰蓝等传统工艺品的新设计与新产品。设计清华大学胜因院新住宅设计方案。

这一年发表的作品有：

《北京——都市计划的无比杰作》发表于1951年4月《新观察》第二卷第7期、第8期。署名梁思成。但梁思成在跋中注称："本文虽是作者答应担任下来的任务，但在实际写作进行中却是同林徽因分工合作，有若干部分还偏劳了她，这是作者应该对读者声明的。"

《谈北京的几个文物建筑》发表于1951年8月《新观察》第三卷第2期。署名林徽因。

《城市计划大纲·序》本文原是国际现代建筑学会1933年8月在希腊雅典的大会上拟定的以城市计划为题的一个纲领性文件。后来通称《雅典宪章》，由清华大学营建系编译组译注。该序的署名为梁思成、林徽因。

译作：《苏联卫国战争被毁地区之重建》。这篇文章是苏联N.沃罗宁于1944年写成，以英文在伦敦出版。新中国成立后，在当时向苏联学习“一边倒”的形势下，林徽因、梁思成将之译成中文后，又写了《译者的体会》排在正文前，希望能为新中国建设提供借鉴。该译著共 12 章，于 1952 年 5 月由龙门联合书局印行。

1952 年（48 岁）

参加修缮中南海怀仁堂的装修设计工作。为了保护北京城的老建筑不被拆毁，带病写了一系列文章，阐述这些老建筑的历史价值和艺术价值。

这一年发表的作品有：

《达·芬奇——具有伟大远见的建筑工程师》，文章发表于1952年5月3日《人民日报》。写作这篇文章的初衷源于 1951 年 11 月世界和平理事会通过了全国人民在 1952 年纪念阿维森纳诞生一千周年、达·芬奇诞生五百周年、雨果诞生一百五十周年、果戈理逝世一百周年的决议。1952 年 5 月 4 日，中国人民保卫世界和平委员会、全国文联、中国科协等七个团体，在中南海怀仁堂举行了纪念世界四大文化名人大会。《人民日报》发表了文章《为保卫人类文化的优秀传统而斗争》。为纪念上述文化伟人，《人民日报》特邀梁思成、林徽因写作了此文。署名梁思成、林徽因。

建筑科普文章：《我们的首都》。这一组文章从建筑学角度系统地介绍了首都北京的《中山堂》《北京市劳动人民文化宫》《故宫三大殿》《北海公园》《天坛》《颐和园》《天宁寺塔》《北京近郊三座“金刚宝座塔”——西直门外五塔寺塔、德胜门外西黄寺塔和香山碧云寺塔》及《鼓楼，钟楼和什刹海》《雍和宫》《故宫》。这一系列文章发表于 1952 年 1—6 月《新观察》第 1—11 期。署名为林徽因。

《和平礼物》发表于 1952 年 10 月《新观察》第 18 期。当时亚洲及太平洋区域和平会议在北京举行，我国文艺工作者决定向大会赠送彩印头巾、刺绣和“平金”女子坎肩，景泰蓝镶嵌漆器及精印画册、文学名著等礼物。应《新观察》杂志之邀，写作了此文。

1953 年（49 岁）

中国建筑学会成立，当选为学会理事。担任《建筑学报》编委。

这一年完成的作品有：

《中国建筑彩画图案·序》，本文原载北京文物整理委员会编的《中国建筑彩画图案》，由人民美术出版社 1955 年出版。林徽因所作序文写于1953年，全书出版时林徽因已逝世。

1954年（50岁）

当选为北京市人民代表大会代表。

这一年发表的作品有：

《中国建筑发展的历史阶段》。文章原发表于1954年《建筑学报》12月。作者署名梁思成、林徽因、莫宗江。并预报了将在下一期——1955年第1期刊登梁思成的文章《中国建筑的优秀实例》。当年，梁思成任建筑学会副主任和《建筑学报》主编，林徽因任建筑学会理事。1955年年初，梁思成的建筑思想受到了批判，学报主编职务被撤，已经印行的《建筑学报》1955年第1期被全部销毁。同时，《中国建筑发展的历史阶段》这篇文章也遭到了批判，林徽因受到株连，她当时正重病住院。

1955年4月1日(51岁)

病逝于北京。

林徽因影像

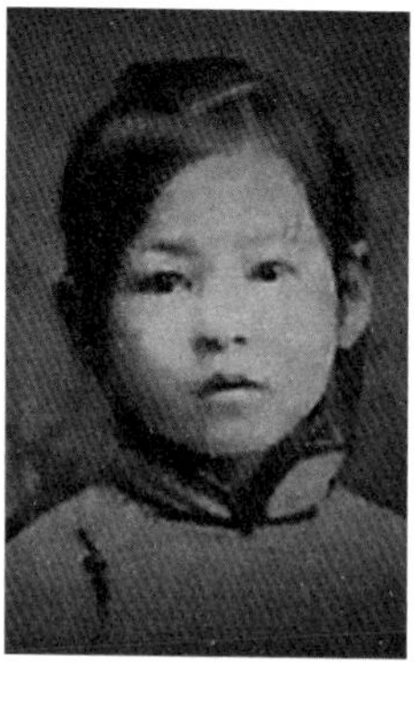

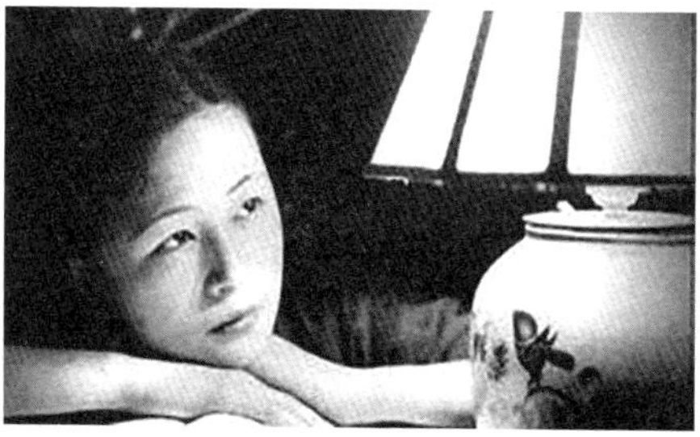

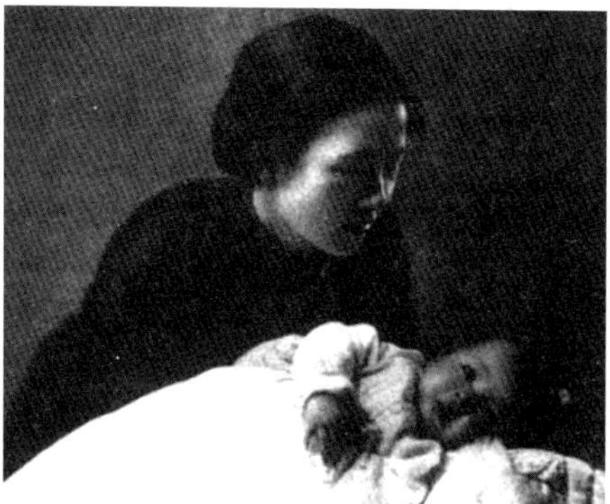

出版说明

图书在版编目（CIP）数据

林徽因画传 / 张清平著 . — 南昌 : 江西人民出版社 , 2016.9

ISBN 978-7-210-08553-9

Ⅰ . ①林… Ⅱ . ①张… Ⅲ . ①林徽因（1904–1955）—传记—画册 Ⅳ . ① K826.16-64

中国版本图书馆 CIP 数据核字（2016）第 136412 号

林徽因画传

张清平 / 著

责任编辑 / 王华

出版发行 / 江西人民出版社

印刷 / 北京鹏润伟业印刷有限公司

版次 / 2016 年 9 月第 1 版

2016 年 9 月第 1 次印刷

开本 / 635 毫米 ×965 毫米 1/16 18 印张

字数 / 224 千字

书号 / ISBN 978-7-210-08553-9

定价 / 42.80 元

赣版权登字 -01-2016-365